마인이메이터로 만드는
3D 애니메이션

마인이메이터로 만드는 3D 애니메이션

초판 7쇄 발행_ 2019년 6월 15일

지은이 웰북교재연구회
발행인 임종훈 **편집인** 강성재
표지 · 편집디자인 인투
출력/인쇄 동양인쇄주식회사
주소 서울특별시 서대문구 연희로2길 76 한빛빌딩 A동 4층
주문/문의전화 02-6378-0010 **팩스** 02-6378-0011
홈페이지 http://www.wellbook.net

발행처 도서출판 웰북

ⓒ 도서출판 웰북 2018
ISBN 979-11-86296-12-7 13000

이 책은 저작권법에 따라 보호받는 저작물이므로 무단전재와 무단 복제를 금지하며,
이 책 내용의 전부 또는 일부를 이용하려면 반드시 저작권자와 도서출판 웰북의 서면동의를 받아야 합니다.

* 잘못된 책은 바꾸어 드립니다.

마인이메이터를 이용하여 재미있는 애니메이션을 만들어 봅시다!

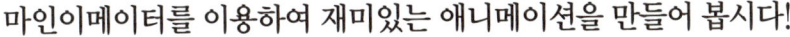

많은 사람들이 좋아하는 애니메이션은 TV, 영화 등 다양한 멀티미디어 분야에서 활용되고 있습니다. 이런 애니메이션을 만들기 위해 필요한 소프트웨어는 대부분 전문가들이 사용하도록 만들어져 있어 일반인이 쉽게 배우기 어려웠습니다. 마인이메이터는 많은 사용자들이 즐겨하는 게임인 마인크래프트의 캐릭터와 화면을 활용하여 재미있는 애니메이션을 만들 수 있는 프로그램입니다. 간단한 화면 인터페이스와 쉬운 조작 방법, 다양한 캐릭터와 아이템을 제공하여 누구나 빠르고 쉽게 애니메이션을 만들 수 있습니다. 특히 플래시와 같은 멀티미디어 제작 프로그램과 비슷한 타임라인을 제공하므로 간단한 조작 방법을 익히면 다양한 스토리의 애니메이션을 만들 수 있습니다. 마인이메이터를 통해 얻을 수 있는 효과는 아래와 같이 정리할 수 있습니다.

1. 애니메이션 제작에 대해 배울 수 있습니다.

마인이메이터를 통해 애니메이션 제작에 필요한 기본적인 기능들을 익히며, 다양한 주제의 예제들을 이용하여 각 기능의 응용과 애니메이션을 구성하는 방법을 배울 수 있습니다. 예제를 통해 배운 기능들을 확실하게 이해할 수 있도록 도와주며 나만의 독창적인 애니메이션을 만들기 위해 필요한 기능들을 배우게 됩니다.

2. 멀티미디어 제작의 원리를 익힐 수 있습니다.

마인이메이터의 화면은 대부분의 멀티미디어 제작 프로그램과 유사하게 구성되어 있어 플래시와 같은 다른 멀티미디어 제작 프로그램을 활용하기 위해 필요한 기능의 동작 원리를 익힐 수 있습니다. 또한 애니메이션을 동영상 파일로 저장하고 무비메이커에서 음악과 자막을 삽입하고 효과를 설정하여 동영상을 편집할 수 있습니다. 저장된 동영상은 유투브와 QR코드로 제작하여 다른 사람과 공유하는 방법을 배우게 됩니다.

3. 처음 애니메이션을 배우는 학생들에게 추천합니다.

마인이메이터는 대부분의 멀티미디어 제작 소프트웨어와 비슷한 인터페이스와 기능을 제공합니다. 특히 필요한 디자인 소스를 풍부하게 제공하고 있어 누구나 쉽고 빠르게 애니메이션을 제작할 수 있습니다. 마인이메이터에서 배운 기능들은 다른 소프트웨어에서도 통용되므로 처음 애니메이션을 배우는 학생들에게 도움이 됩니다.

마인이메이터는 누구나 쉽고 재미있게 애니메이션을 만들 수 있습니다. 애니메이터를 꿈꾸는 학생들에게, 나만의 개성있는 애니메이션을 만들기 원하는 학생들에게 마인이메이터는 좋은 도구가 될 것입니다. 마인이메이터를 이용하여 다양한 애니메이션을 만들어 보며 여러분의 컴퓨터 실력이 업그레이드되기 바랍니다!

꼭 기억하세요!

상담을 원하시거나 아이가 컴퓨터 수업에 출석할 수 없는 경우 아래 연락처로 미리 연락 주시기 바랍니다.

타수체크

 초급단계

중급단계

고급단계

이 책의 차례

- **01강** 마인이메이터를 만나요 ········· 8
- **02강** 내가 원하는 캐릭터를 가져와요 ········· 15
- **03강** 스티브는 인사를 잘해요 ········· 22
- **04강** 누가 더 빨리 달릴까? ········· 29
- **05강** 스티브의 친구들은 따라쟁이! ········· 36
- **06강** 자연스럽게 걸어가요! ········· 43
- **07강** 멋진 조명을 달고 카메라로 촬영해요. ········· 50
- **08강** 동영상으로 저장해요 ········· 58
- **09강** 나무 위에서 사과가 떨어져요! ········· 65
- **10강** 사막에도 거미가 있을까? ········· 71
- **11강** 해골들의 신나는 댄스파티 ········· 78
- **12강** 보물 상자를 열었더니 바뀌었어요! ········· 85

Contents

13강	마을에 좀비가 나타났어요!	92
14강	동물들이 변신하는 요술 상자	98
15강	콩나무가 하늘 높이 자랐어요!	104
16강	무서운 거인을 만났어요.	110
17강	황금알을 낳는 닭	116
18강	안전하게 횡단보도를 건너요!	122
19강	길을 걸어갈 때는 조심해요!	128
20강	길에서 장난하면 안돼요!	134
21강	커다란 해적선을 만났어요!	140
22강	해적선에는 보물상자가 있어요!	146
23강	무비메이커로 동영상을 편집해요.	152
24강	인터넷에 동영상을 올려요	158

01강 마인이메이터를 만나요

마인이메이터는 재미있는 캐릭터와 아이템을 이용하여 멋진 애니메이션을 만들 수 있는 프로그램이에요. 마인이메이터의 화면 구성과 사용 방법을 알아보아요.

학습 목표
- 마인이메이터의 화면 구성을 살펴봅니다.
- 파일 불러오고 저장할 수 있습니다.
- 화면을 이동하는 방법을 배워봅니다.

▲ 완성파일

01 마인이메이터의 화면을 살펴봐요.

마인이메이터를 실행하고 메뉴들과 도구들의 위치와 역할을 알아보아요.

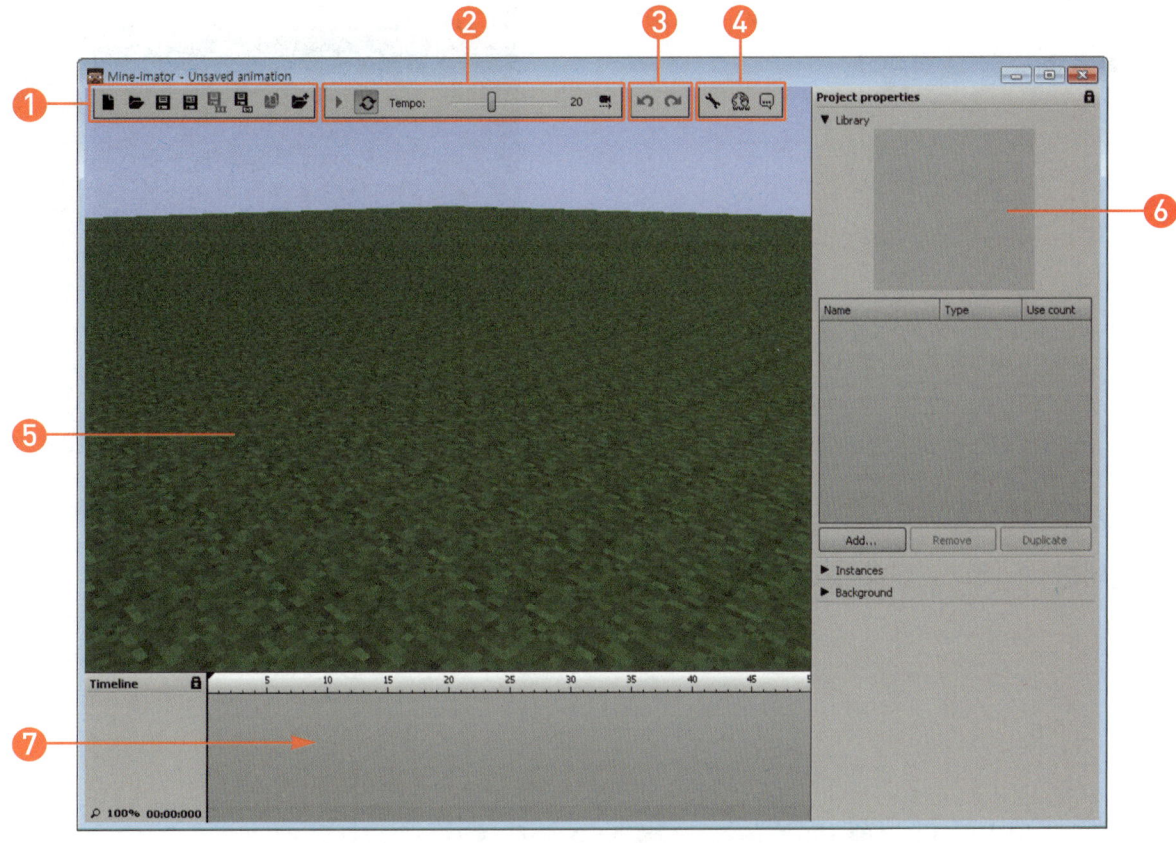

❶ **메뉴 상자** : 새로운 프로젝트를 만들거나 파일을 불러오고 저장하는 메뉴들이 있어요.
❷ **애니메이션 도구** : 애니메이션을 실행하거나 속도를 조절하는 메뉴들이 있어요.
❸ **실행 취소/재실행** : 작업을 취소하거나 다시 실행하는 메뉴들이 있어요.
❹ **설정** : 마인이메이터 프로그램의 옵션을 설정할 수 있어요.
❺ **작업화면** : 실제 애니메이션을 제작하는 공간이에요.
❻ **프로젝트 속성 창** : 프로젝트에 사용되는 개체와 옵션을 설정할 수 있어요.
❼ **[Timeline] 창** : 개체의 애니메이션을 설정할 수 있어요.

02 파일을 불러오고 화면을 이동해요.

● 연습파일 : 캐릭터.mani   ◉ 완성파일 : 캐릭터(완성).mani

마인이메이터 파일을 불러오고 마우스를 이용하여 화면을 이동하는 방법을 알아보아요.

01 파일을 불러오기 위해 [Open animation ()] 메뉴를 클릭해요.

> Ctrl + O 를 눌러도 파일을 불러올 수 있어요.

02 [열기] 대화상자가 표시되면 가져올 파일을 선택한 후 [열기] 단추를 클릭해요.

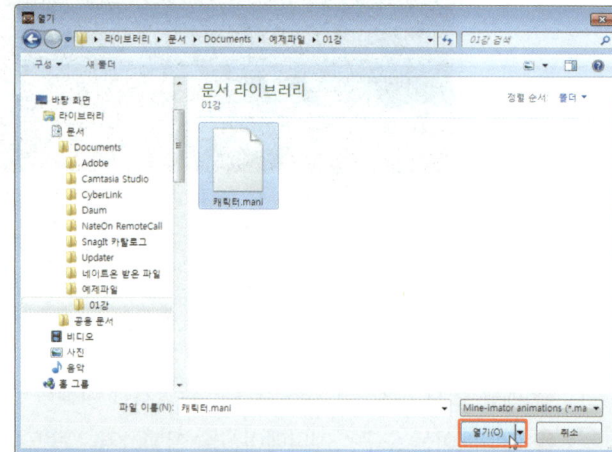

> 마인이메이터에서 만든 파일은 *.mani 형식으로 저장되어 있어요.

03 가져온 캐릭터가 표시된 화면을 이동하기 위해 마우스 왼쪽 버튼을 누른 상태에서 드래그하여 움직여요. 위, 아래, 왼쪽, 오른쪽으로 드래그할 때마다 캐릭터를 중심으로 화면을 이동할 수 있어요.

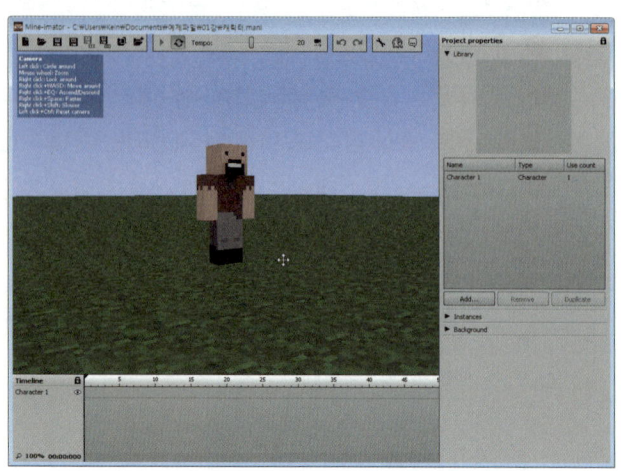

04 마우스 가운데의 휠 버튼을 움직이면 그림과 같이 화면을 확대/축소할 수 있어요.

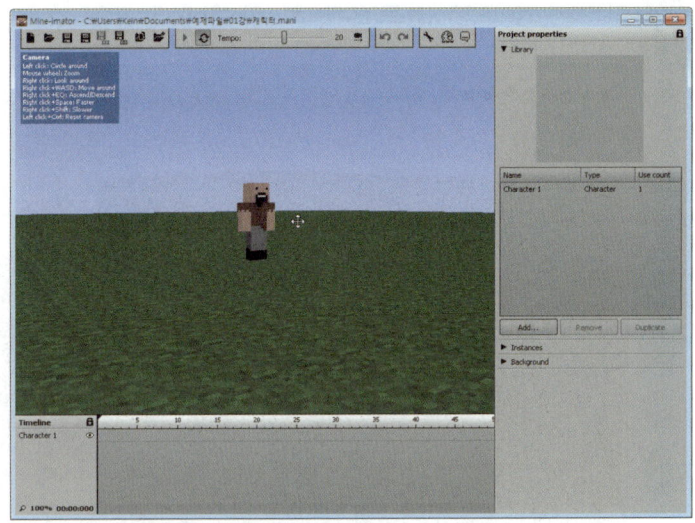

05 마우스 오른쪽 버튼을 누른 상태에서 좌우로 드래그하면 주변을 둘러볼 수 있어요.

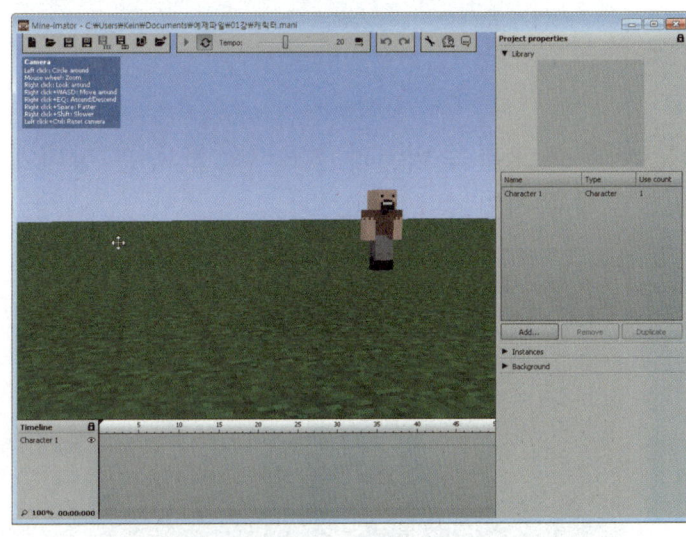

마우스 왼쪽 버튼을 드래그했을 때와 어떻게 다른지 비교해 보세요.

06 마우스 오른쪽 버튼을 누른 상태에서 〈W〉, 〈A〉, 〈S〉, 〈D〉를 누르면 화면을 걷는 것처럼 이동할 수 있어요.

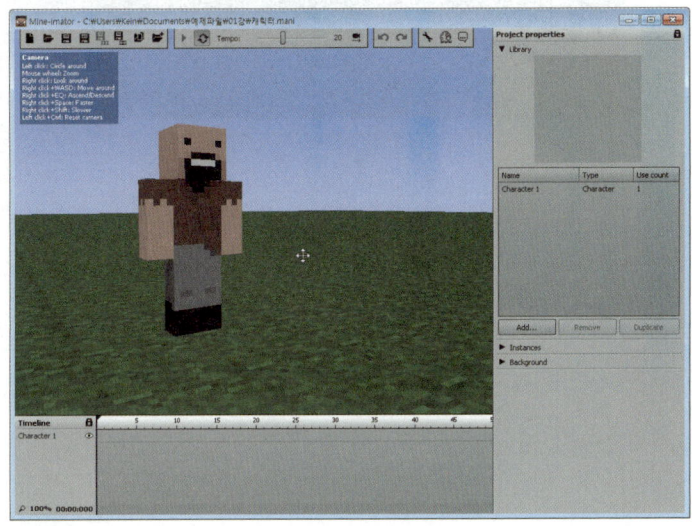

07 마우스 오른쪽 버튼을 누른 상태에서 〈E〉, 〈Q〉를 누르면 화면 위/아래로 이동할 수 있어요.

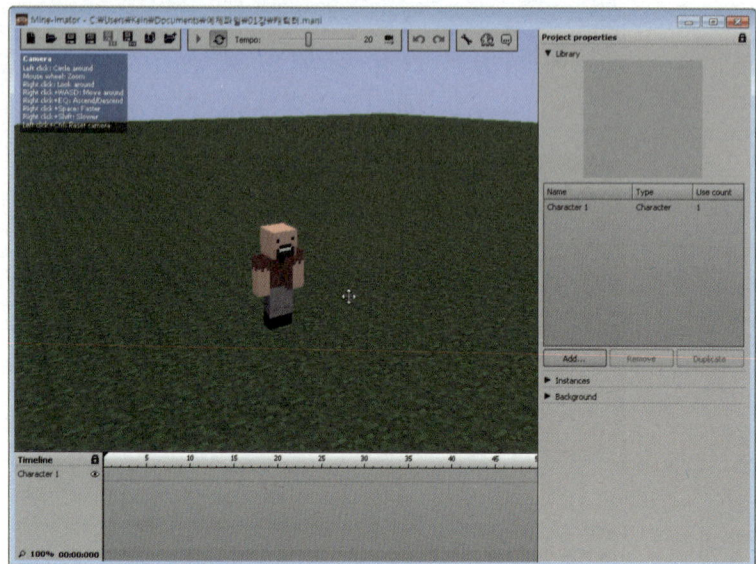

〈Q〉를 계속 누르면 지면 아래로 내려가니 주의해야 해요.

08 마우스 오른쪽 버튼과 Space Bar 를 누른 상태에서 〈W〉, 〈A〉, 〈S〉, 〈D〉를 누르면 조금 더 빠르게 움직일 수 있어요.

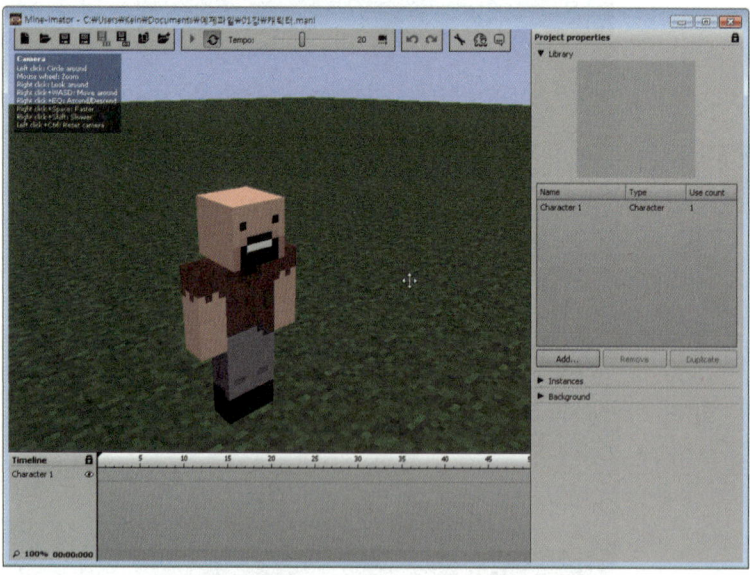

09 마우스 오른쪽 버튼과 Shift 를 누른 상태에서 〈W〉, 〈A〉, 〈S〉, 〈D〉를 누르면 다시 천천히 움직일 수 있어요.

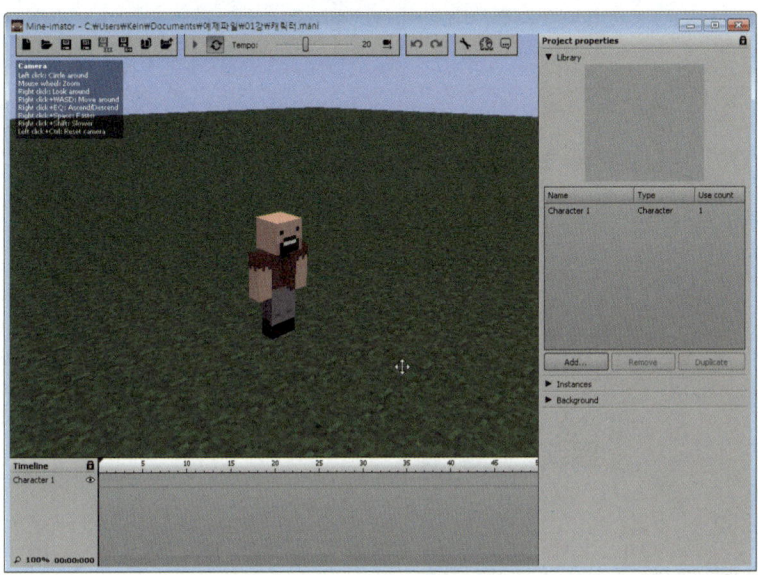

10 마우스 왼쪽 버튼을 클릭한 상태에서 Ctrl 을 누르면 처음 카메라 보기 상태로 돌아갈 수 있어요.

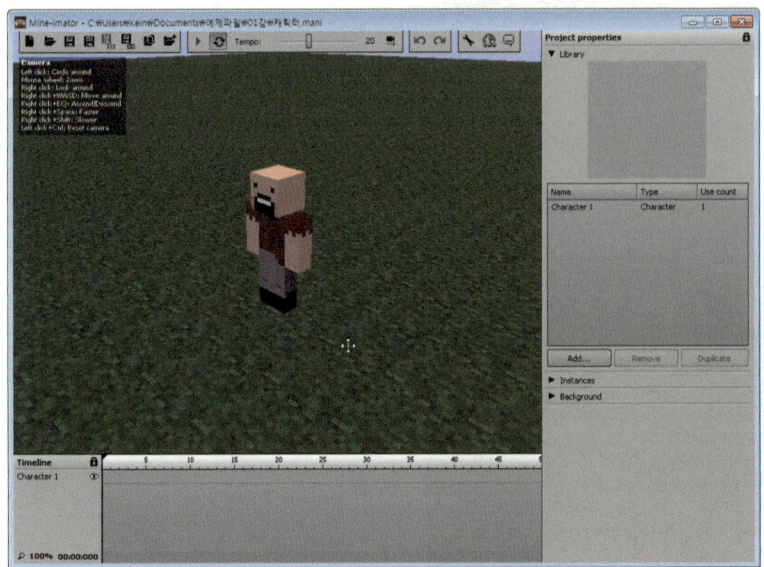

캐릭터가 삽입된 처음 위치로 돌아갈 때 사용해요.

혼자서 뚝딱뚝딱

1 파일을 불러온 후 캐릭터가 그림과 같이 표시되도록 화면을 이동해 보세요.

● 연습파일 : 소.mani
◉ 완성파일 : 소(완성).mani

2 파일을 불러온 후 그림과 같은 모양이 되도록 화면을 이동해 보세요.

● 연습파일 : 나무.mani
◉ 완성파일 : 나무(완성).mani

02강 내가 원하는 캐릭터를 가져와요

재미있는 애니메이션을 만들기 위해 다양한 캐릭터를 화면에 가져올 수 있어요. 캐릭터를 가져오고 모델과 스킨을 변경하는 방법을 알아보아요.

학습 목표
- 캐릭터를 가져오는 방법을 배워봅니다.
- 캐릭터의 위치를 이동하는 방법을 배워봅니다.
- 캐릭터의 모델과 스킨을 변경하는 방법을 배워봅니다.

▲ 완성파일

내가 좋아하는 캐릭터를 가져와요.

○ 연습파일 : 새로 만들기　　◎ 완성파일 : 캐릭터이동(완성).mani

신나는 애니메이션을 만들기 위해 먼저 마인이메이터 화면에 캐릭터를 불러오는 방법을 알아보아요.

01 캐릭터를 불러오기 위해 [Project properties]에서 [Add] 단추를 클릭해요. 그림과 같이 선택할 수 있는 목록이 표시되면 [Character]를 클릭해요.

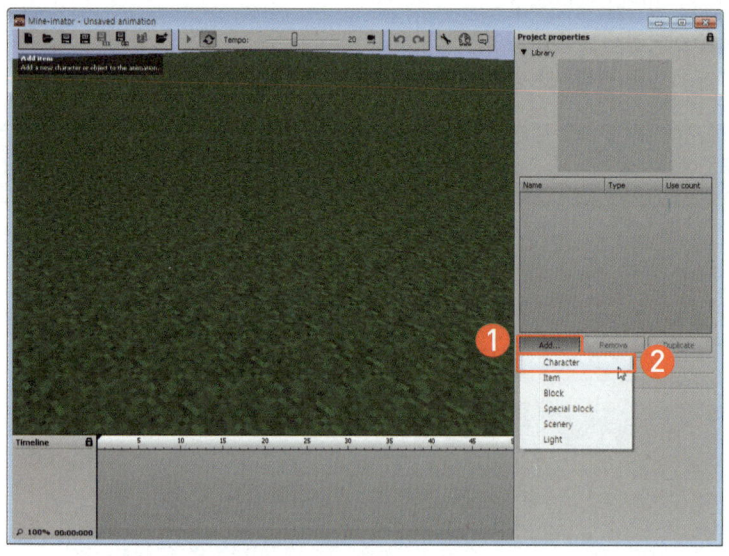

Character는 동작과 같은 움직임을 만들 수 있어요.

02 비어있던 공간에 새로운 캐릭터가 만들어진 것을 확인할 수 있어요. 캐릭터의 이름을 설정하기 위해 [Name]의 입력란을 클릭해요. 대화상자가 표시되면 'human'을 입력하고 [OK] 단추를 클릭해요.

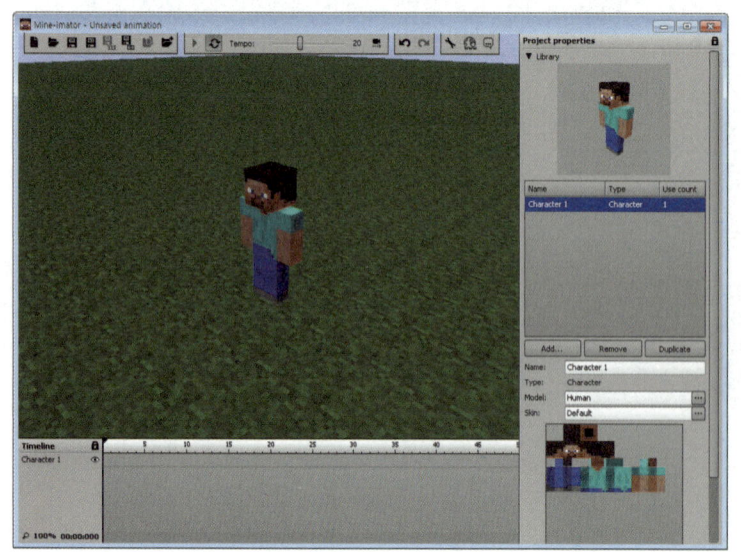

표시된 캐릭터처럼 기본 설정된 모양으로 나타나요.

02 캐릭터를 이동해요.

화면에 나타난 캐릭터를 내가 원하는 위치로 이동하려면 어떻게 해야 할까요? 캐릭터를 이동하는 방법을 알아보아요.

01 캐릭터를 이동하기 위해 [Timeline]에 표시된 'human' 옆의 빈 키프레임 공간에서 '1 키프레임'을 클릭해요.

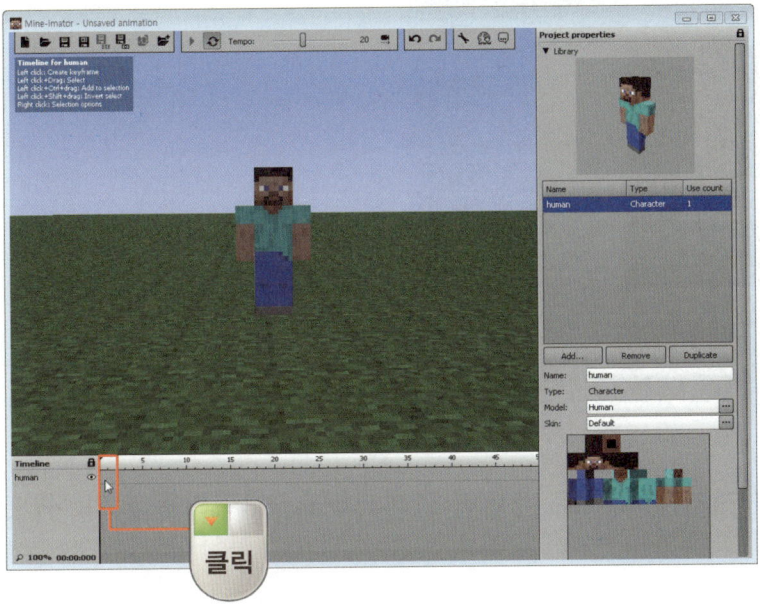

02 그림과 같이 '1 키프레임'이 삽입되고 캐릭터에 빨간색, 노란색, 파란색의 화살표가 표시돼요.

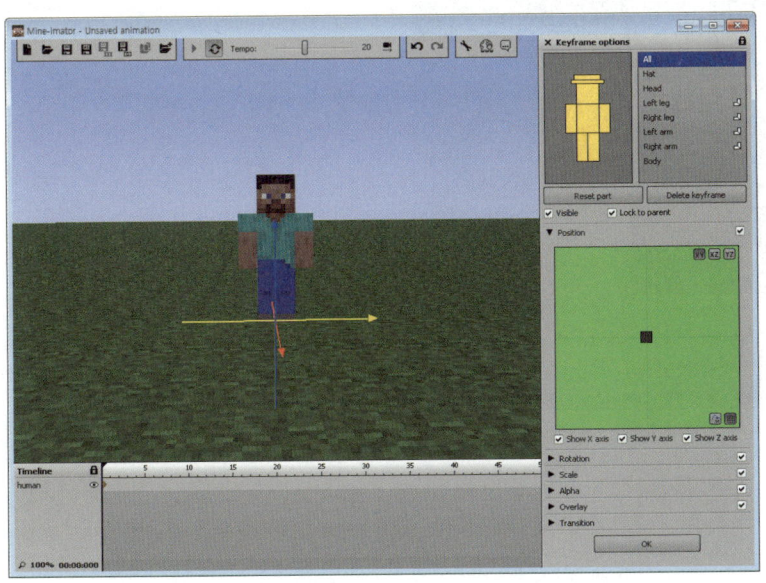

화살표를 드래그하여 선택한 방향으로 캐릭터를 이동할 수 있어요.

03 노란색 화살표 위에 마우스를 가져가 선택된 화살표가 흰색으로 바뀌면 드래그해요. 캐릭터를 왼쪽과 오른쪽으로 이동할 수 있어요. 빨간색 화살표를 드래그하면 앞과 뒤로 이동할 수 있어요.

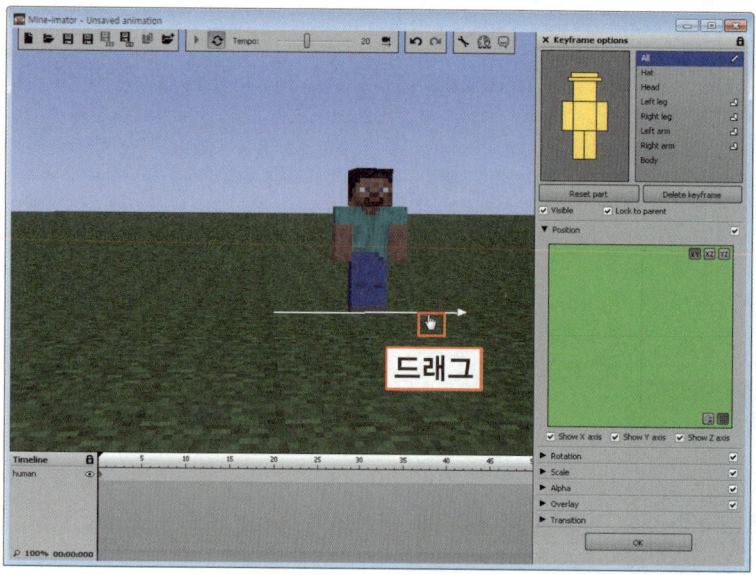

04 파란색 화살표 위에 마우스를 가져가 흰색으로 바뀌면 드래그해요. 캐릭터를 위와 아래로 이동할 수 있어요.

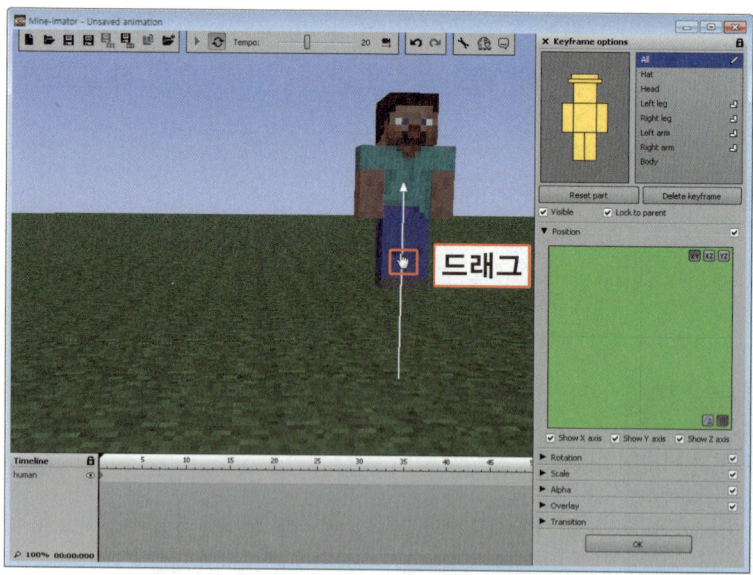

03 캐릭터를 바꿔요.

● 연습파일 : 캐릭터바꾸기.mani   ◎ 완성파일 : 캐릭터바꾸기(완성).mani

불러온 캐릭터를 다른 캐릭터로 바꾸려면 어떻게 해야 할까요? 캐릭터를 바꾸는 방법을 알아보아요.

01 파일을 불러온 후 새로운 캐릭터를 삽입하기 위해 [Project properties]의 [Add]를 클릭해요. 표시된 목록에서 [Character]를 선택해요. 기본 캐릭터가 삽입되면 다른 캐릭터로 바꾸기 위해 [Model]의 목록 단추를 클릭한 후 'Villager'를 선택해요.

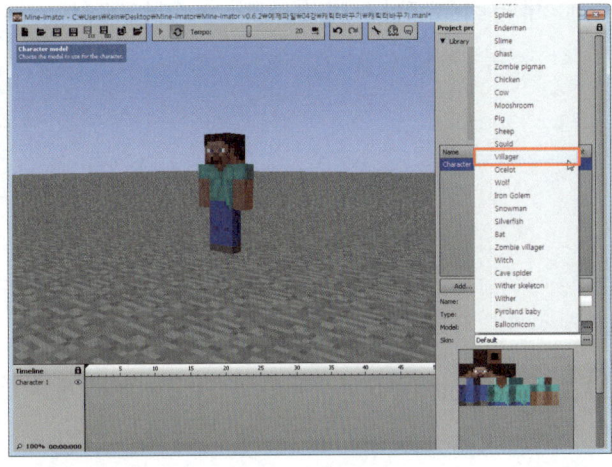

02 캐릭터가 바뀐 것을 확인할 수 있어요. 새로운 캐릭터를 삽입하기 위해 [Project properties]의 [Add]를 클릭한 후 목록에서 [Character]를 선택해요.

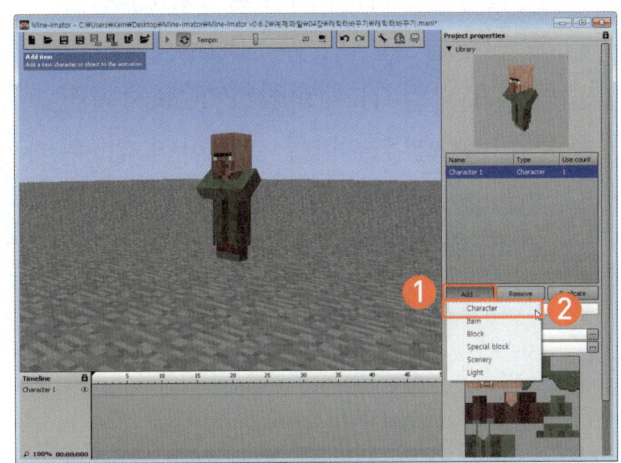

03 겹쳐져서 보이지 않는 캐릭터의 위치를 이동하기 위해 [Timeline]의 [Character 2]에 '1 키프레임'을 만들어요.

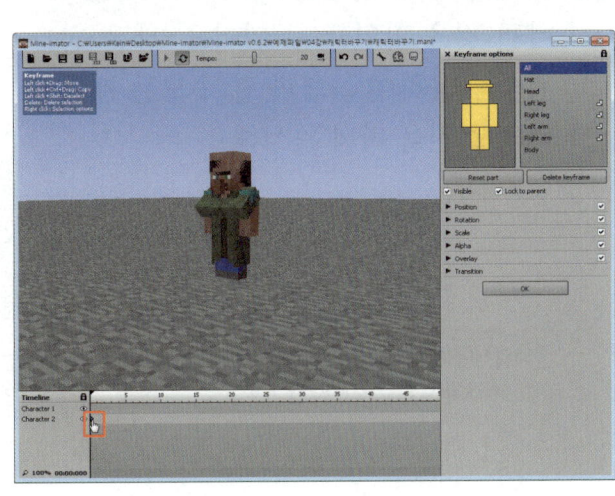

캐릭터가 겹쳐지거나 배경에 가려져서 보이지 않으면 이동해요.

04 [Keyframe options]의 [Position]을 선택하여 화살표가 표시되면 노란색 화살표를 드래그하여 오른쪽으로 위치를 이동해요. 같은 방법을 이용하여 캐릭터를 하나 더 복사하고 이동해요.

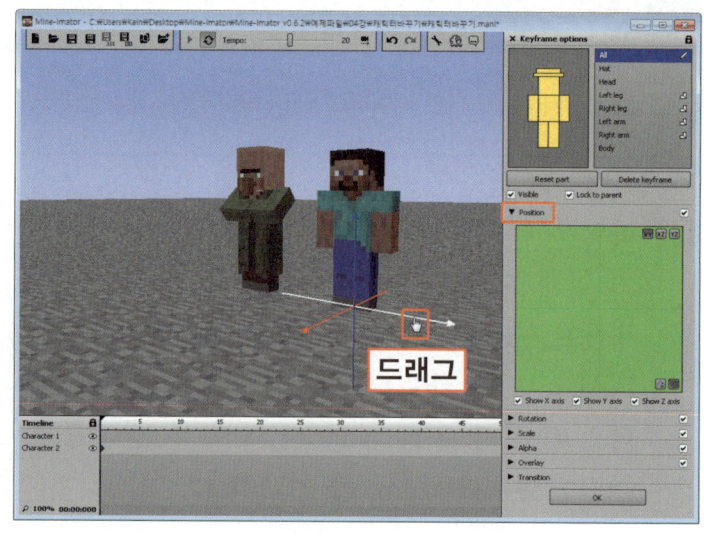

05 [Project properties]의 [Library]에서 'Character 1'을 선택해요. 스킨을 설정하기 위해 아래의 [Skin]의 목록 단추를 클릭한 후 [Browse]를 클릭해요. [열기] 대화상자가 표시되면 [Skins] 폴더를 더블 클릭하여 연 후 'villager_librarian.png'를 선택하고 [열기] 단추를 클릭해요.

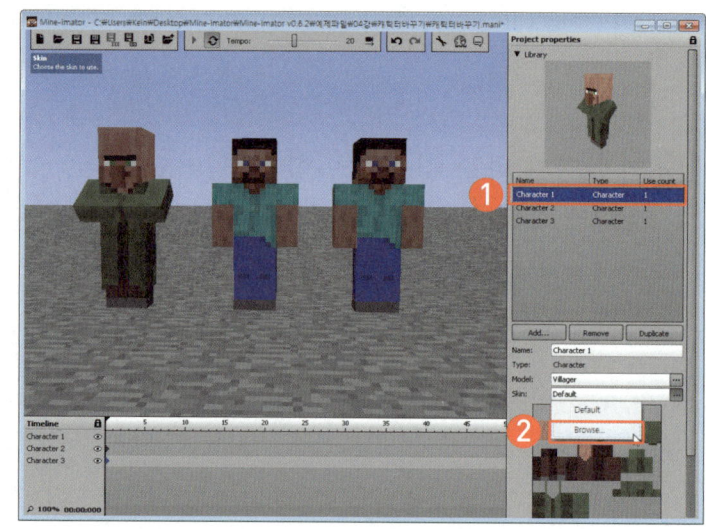

06 그림과 같이 선택한 캐릭터의 스킨이 바뀐 것을 확인할 수 있어요. 배운 방법을 이용하여 그림과 같이 모든 캐릭터의 스킨을 바꿔 완성해요.

캐릭터에 맞지 않는 스킨을 선택하면 표시되지 않는 부분이 생겨요.

혼자서 뚝딱뚝딱

1 파일을 불러온 후 그림과 같이 캐릭터를 삽입하고 모델을 바꿔 보세요.

● 연습파일 : 새로 만들기
◎ 완성파일 : 모델바꾸기(완성).mani

2 파일을 불러온 후 그림과 같이 캐릭터의 스킨을 바꿔 보세요.

● 연습파일 : 스킨바꾸기.mani
◎ 완성파일 : 스킨바꾸기(완성).mani

03강 스티브는 인사를 잘해요

애니메이션에서 캐릭터에 다양한 모습을 보여주려면 어떻게 해야할까요?
캐릭터를 회전시키고 [Timeline]을 이용하는 방법을 알아보아요.

학습 목표
- 캐릭터의 각 부분을 회전시켜 봅니다.
- [Timeline]에서 애니메이션을 만들어 봅니다.

▲ 완성파일

01 캐릭터를 움직여요!

● 연습파일 : 캐릭터회전.mani   ◎ 완성파일 : 캐릭터회전(완성).mani

가만히 서 있는 캐릭터를 어떻게 움직일 수 있을까요? 캐릭터의 각 부분을 움직이는 방법을 알아보아요.

01 파일을 불러온 후 [Timeline]의 [Character1]에 삽입되어 있는 '1 키프레임'을 클릭해요. [Keyframe options]에서 [Rotation]을 클릭하여 그림과 같이 원을 표시해요.

원을 드래그하여 캐릭터를 회전할 수 있어요.

02 파란색 원에 마우스를 가져가 흰색 원이 되면 드래그해서 그림과 같이 캐릭터를 회전시켜요.

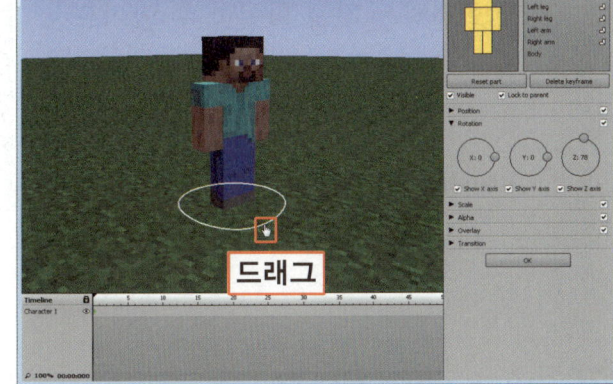

화면 오른쪽의 [Rotation]을 이용하여 회전할 수 있어요.

03 빨간색 원에 마우스를 가져가 흰색 원이 되면 드래그해요. 그림과 같이 발을 기준으로 캐릭터를 왼쪽과 오른쪽으로 회전시킬 수 있어요.

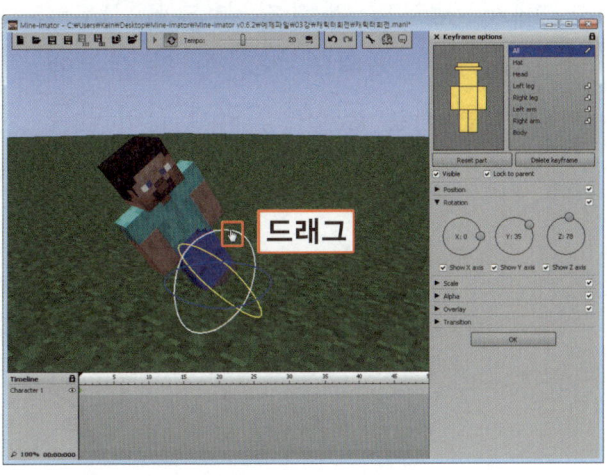

바닥에 발이 가려지므로 회전할 때 주의해야 해요.

04 노란색 원에 마우스를 가져가 흰색 원이 되면 드래그해요. 그림과 같이 발을 기준으로 캐릭터를 앞과 뒤로 회전시킬 수 있어요. [Undo(↶)]를 클릭해서 처음 모양으로 바꿔요.

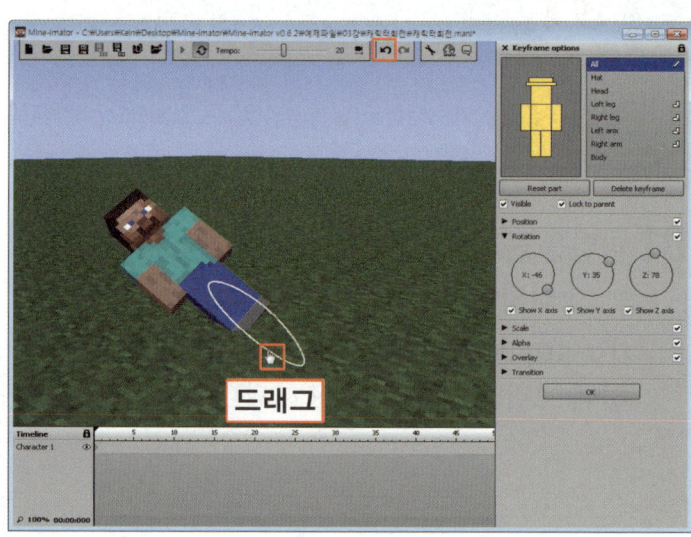

[Undo]와 [Redo]를 이용해 작업을 취소하거나 다시 실행할 수 있어요.

05 캐릭터의 부분을 움직이기 위해 [Keyframe options]에서 표시된 캐릭터 부분의 'head'를 선택해요. 머리 부분에 표시된 원을 드래그하면 머리 부분만 회전하는 것을 확인할 수 있어요.

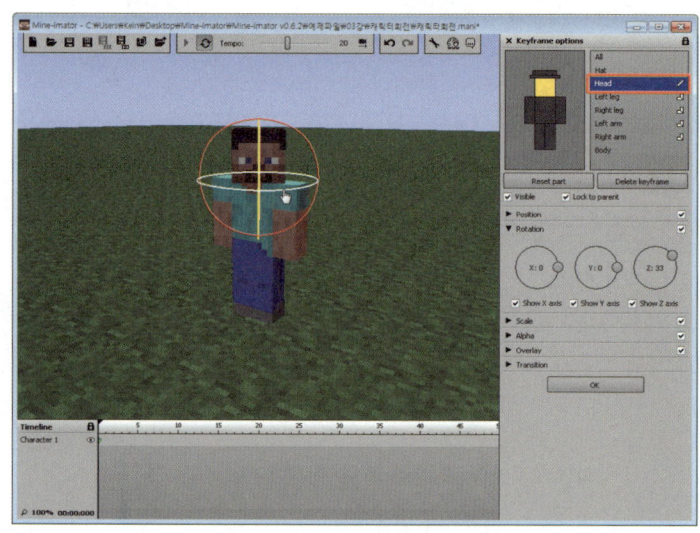

캐릭터의 선택한 부분만 회전시켜 여러 포즈를 만들 수 있어요.

06 팔을 움직이기 위해 [Keyframe options]에서 표시된 캐릭터 부분의 'Left arm'을 선택해요. 오른쪽 팔 부분에 표시된 원을 움직여 그림과 같이 만들어요.

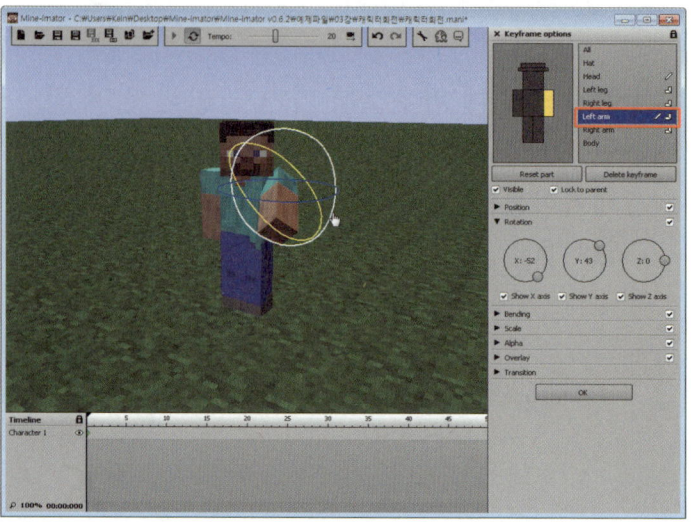

화면의 위치를 바꿔서 어떻게 회전되었는지 확인해요.

07 캐릭터를 처음 표시된 모습으로 만들기 위해 [Keyframe options]에서 [Reset part]를 클릭해요.

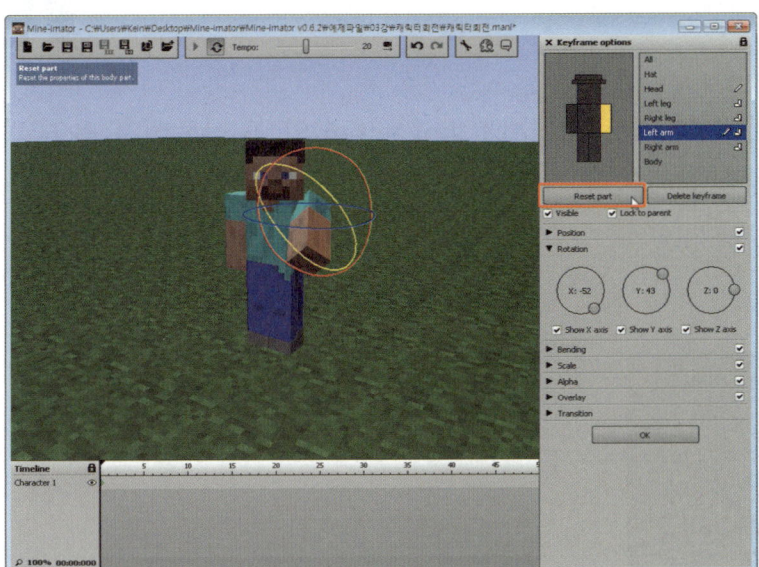

선택한 부분만 원래 모양이 되도록 회전을 취소할 수 있어요.

08 그림과 같이 모든 회전 설정이 해제되고 처음 캐릭터를 불러온 모습으로 바뀌어요.

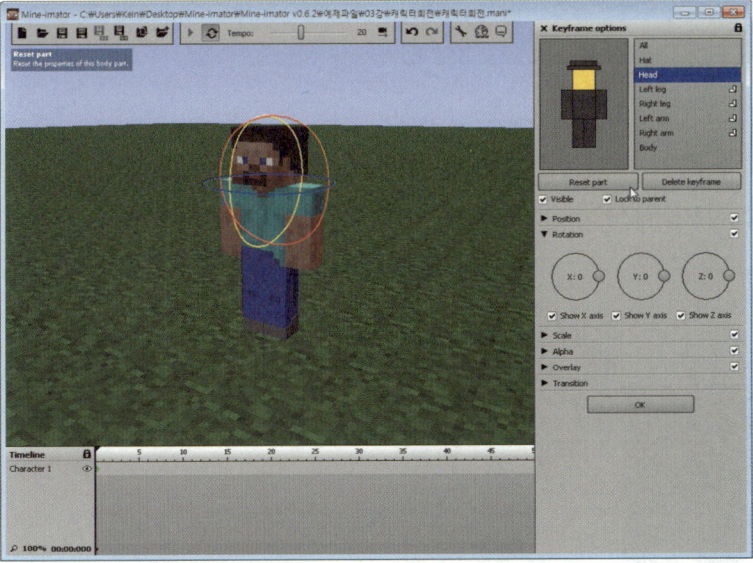

02 애니메이션을 만들어요.

캐릭터가 연속으로 움직이는 동작을 만들어 재미있는 애니메이션을 구성할 수 있어요.
애니메이션을 설정하는 방법을 알아보아요.

01 새로운 키프레임을 설정하기 위해 [Timeline]에서 [Character1]의 '5 키프레임'을 클릭하여 그림과 같이 새로운 키프레임을 삽입해요.

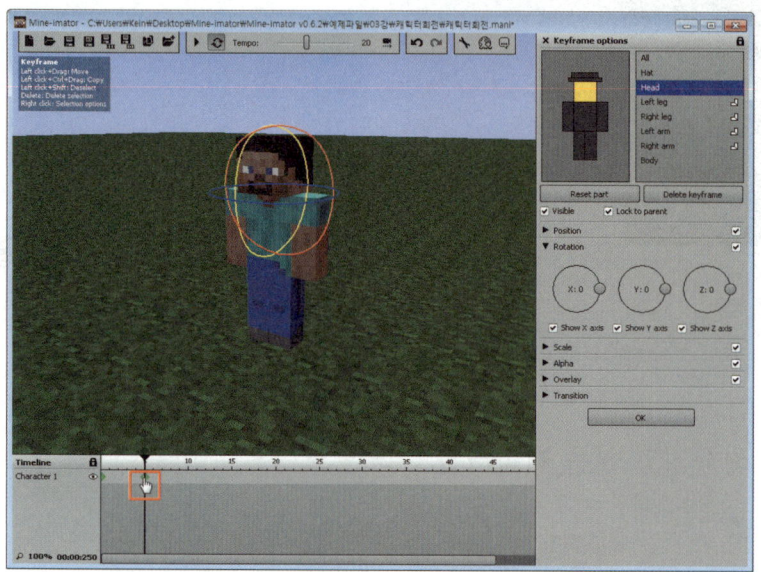

키프레임은 움직이는 속도를 생각해 적당한 간격을 유지해서 만들어요.

02 [Keyframe options]의 캐릭터 부분에서 'Body'를 선택해요. 몸통 부분에만 원이 표시되면 노란색 원을 드래그하여 그림과 같이 인사하는 모습을 만들어요.

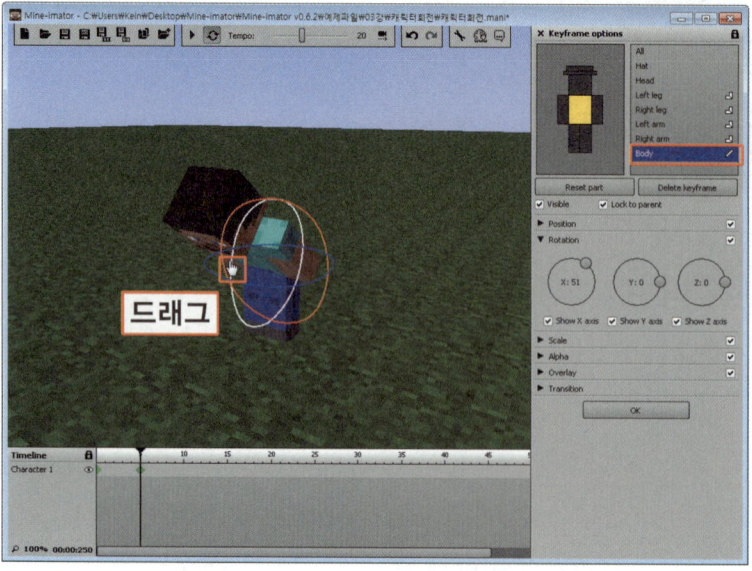

03 [Timeline]의 '10 키프레임'을 클릭하여 그림과 같이 새로운 키프레임을 삽입하고 노란색 원을 드래그하여 그림과 같이 서있는 모습을 만들어요.

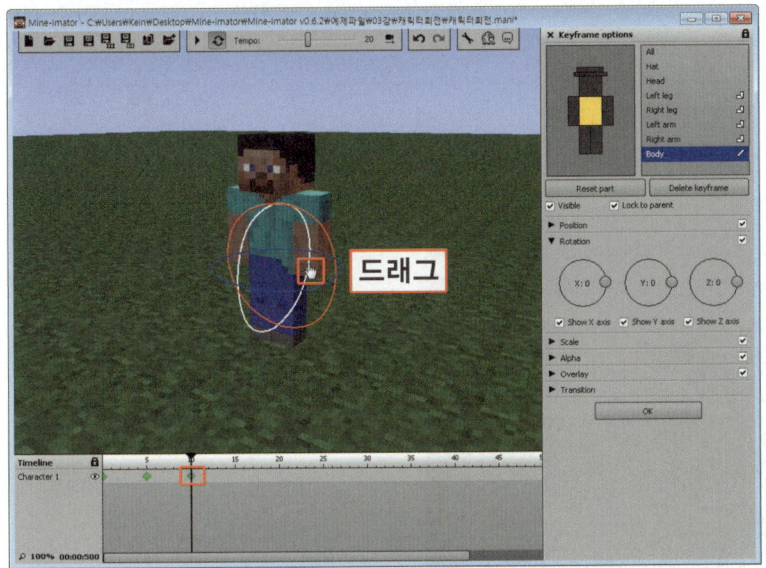

이전에 선택한 프레임의 두 배 되는 위치에 키프레임을 만들어요.

04 [Play animation()]을 클릭하면 캐릭터가 반복해서 인사하는 애니메이션이 실행돼요.

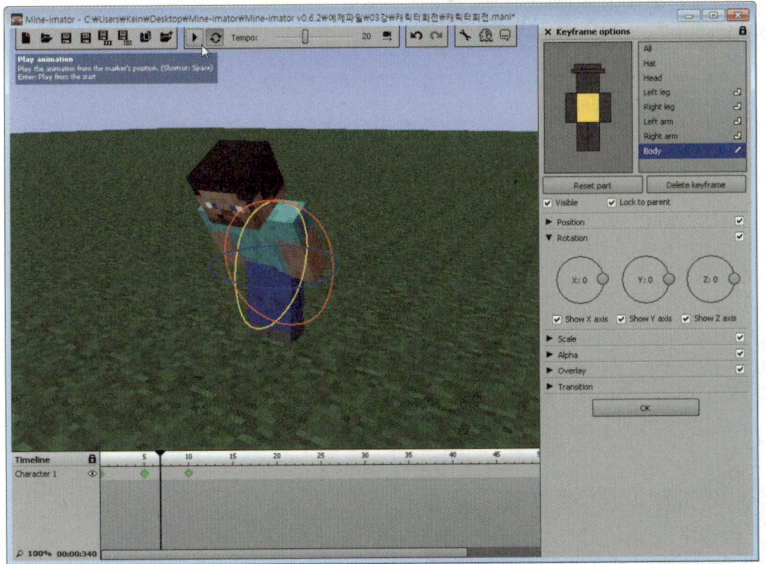

템포를 조절하면 인사하는 속도를 바꿀 수 있어요.

혼자서 뚝딱뚝딱

① 파일을 불러온 후 캐릭터가 양팔을 흔드는 애니메이션을 만들어 보세요.

● 연습파일 : 손흔들기.mani
◎ 완성파일 : 손흔들기(완성).mani

② 파일을 불러온 후 고개를 좌우로 움직이는 애니메이션을 만들어 보세요.

● 연습파일 : 고개움직이기.mani
◎ 완성파일 : 고개움직이기(완성).mani

04강 누가 더 빨리 달릴까?

넓은 화면 이곳 저곳을 돌아다니는 애니메이션을 만들 수 있어요. 손에 바톤을 쥐고 신나게 달려가는 모습을 만들어 보아요.

학습 목표
- 캐릭터가 움직이는 동작을 만들어 봅니다.
- 아이템을 캐릭터에 연결하는 방법을 알아봅니다.
- 템포를 이용하여 속도를 조절하는 방법을 알아봅니다.

▲ 완성파일

01

● 연습파일 : 달리기.mani   ◎ 완성파일 : 달리기(완성).mani

달리는 포즈를 만들어요.

키프레임마다 다른 포즈를 설정하여 캐릭터가 달리는 모습의 애니메이션을 만드는 방법을 알아보아요.

01 파일을 불러온 후 캐릭터의 '왼쪽 팔'을 움직이기 위해 [Timeline]의 [Character1]에 '1 키프레임'을 삽입해요. [keyframe options]에서 [left arm]을 선택하고 [Rotation]을 클릭한 후 '노란색' 원을 드래그하여 왼쪽 팔을 그림과 같이 움직여요.

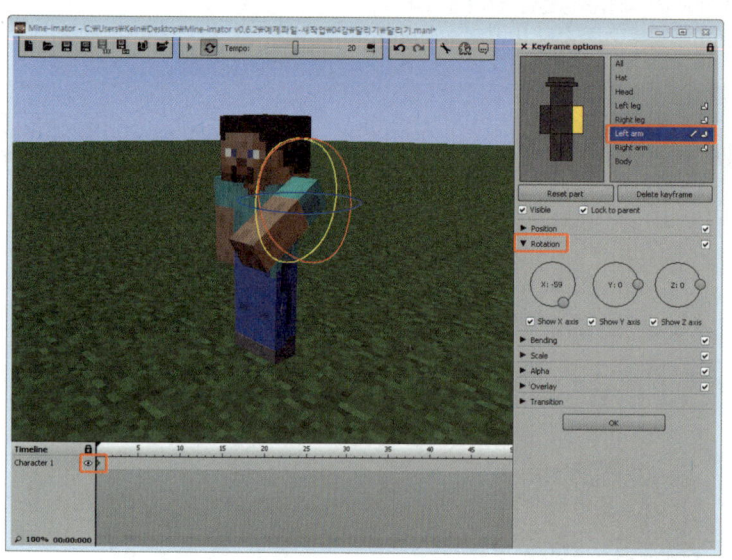

화면 다른 쪽을 표시해 회전된 모습을 정확하게 확인해요.

02 캐릭터의 오른쪽 다리를 움직이기 위해 [keyframe options]에서 [Right leg]를 클릭하여 선택해요. 노란색 원을 드래그하여 그림과 같이 오른쪽 다리를 움직여요.

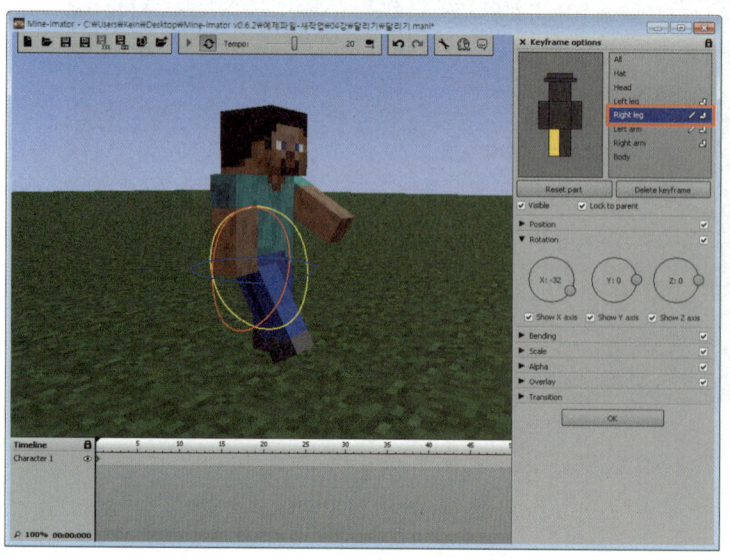

걷는 모습을 만들기 위해 팔과 다리를 다른 방향으로 회전해요.

03 다리의 무릎이 구부러진 것처럼 만들기 위해 [Keyframe options]의 [Bending]에서 [Bend]를 '25%'로 설정해요.

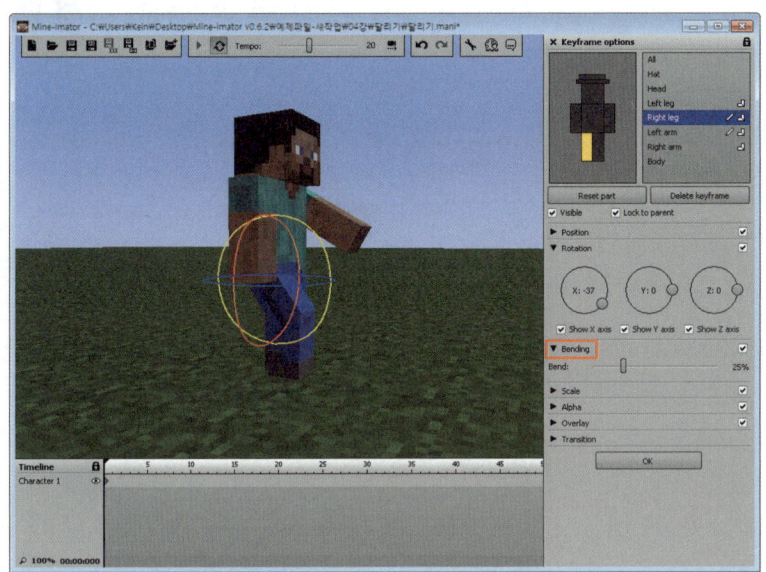

[Bend]를 이용하면 부드러운 움직임이나 포즈를 만들 수 있어요.

04 캐릭터의 오른쪽 팔과 왼쪽 다리 모양을 설정하기 위해 [Timeline]의 [Character1]에 '2 키프레임'을 삽입해요. [keyframe options]에서 [Right leg], [Left arm]을 각각 선택하여 [Reset part] 버튼을 클릭하여 설정된 동작을 초기화한 후 [Right arm], [Left leg]를 클릭하여 위와 같은 방법으로 움직이는 동작을 완성한 후 [OK] 버튼을 클릭해요.

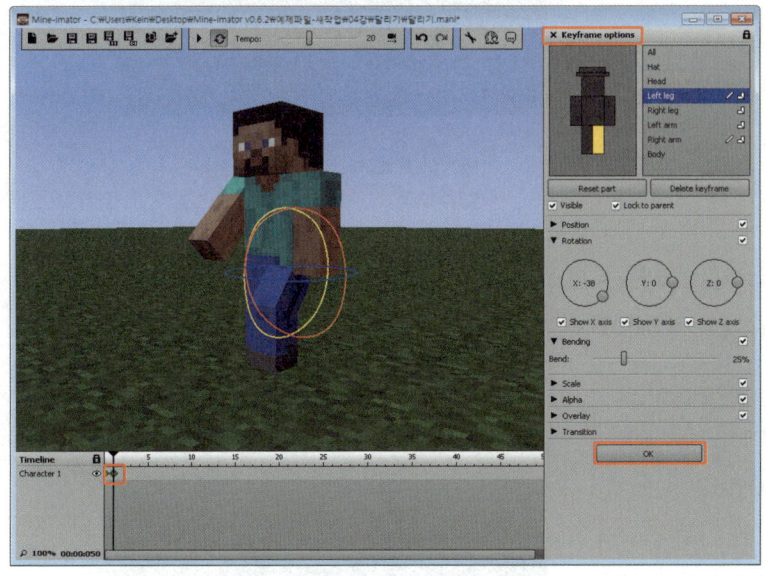

걷는 모습을 만들기 위해 팔과 다리를 다른 방향으로 회전해요.

02 아이템을 캐릭터와 연결해요.

캐릭터의 손에 바톤을 만들어 연결하면 신나게 뛰는 모습을 더 재미있게 만들 수 있어요. 아이템을 캐릭터에 연결해 보아요.

01 캐릭터 손에 연결할 바톤 모양의 아이템을 찾기위해 [Project properties]의 [Library]에서 [Add]를 클릭하여 표시되는 목록에서 [Item]을 선택해요.

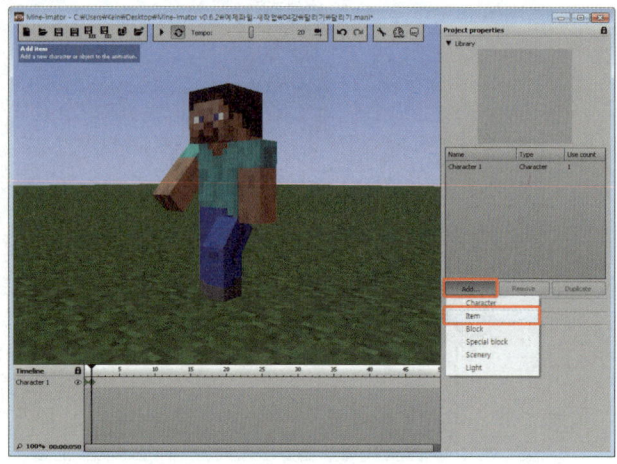

02 아이템 목록이 표시되면 그림과 같은 바톤 모양의 아이템을 찾아 선택해요. 그림과 같이 캐릭터 주변에 바톤 모양의 아이템이 나타나고 [Timeline]에 [Item] 프레임이 추가된 것을 확인해요.

> 선택한 아이템이 삽입이 안 되면 [Timeline]에 새로운 [Item] 프레임도 안 나타나요.

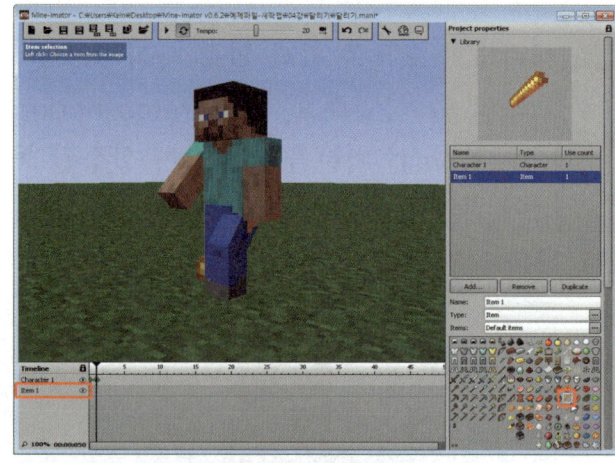

03 새로 삽입한 '바톤' 아이템을 캐릭터에 연결하기 위해 [Timeline]의 [Item]에 '1 키프레임'을 삽입해요. [Project properties]의 [Instances]를 클릭한 후 'Item 1'을 선택하고 [Parent] 목록에서 'Character 1'을 선택해요. 오른쪽 손에 '바톤' 아이템을 연결하기 위해 [Body part]는 'Right arm'을 선택해요.

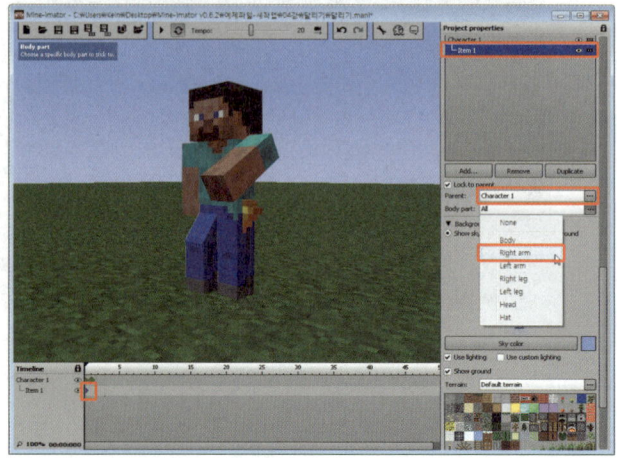

04 '바톤' 아이템의 위치를 설정하기 위해 [Project properties]의 [Positon] 메뉴를 클릭하여 표시되는 화살표를 드래그하여 아이템의 위치를 지정해요. [Rotation] 메뉴를 클릭하여 표시되는 원을 드래그하여 그림과 같이 손에 바톤을 잡고 있는 모습으로 완성한 후 [OK] 버튼을 클릭해요.

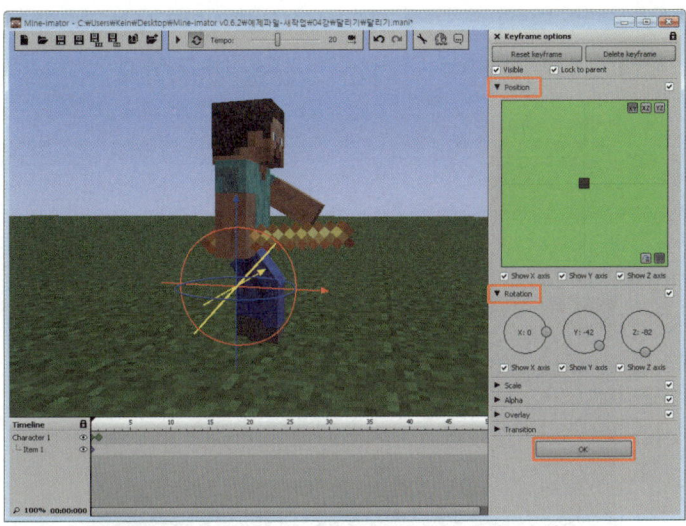

05 완성된 모습을 애니메이션으로 확인하기 위해 [Play animation()] 버튼을 클릭해요. 캐릭터가 바톤을 들고 달리기하는 것 같은 모습을 볼 수 있어요.

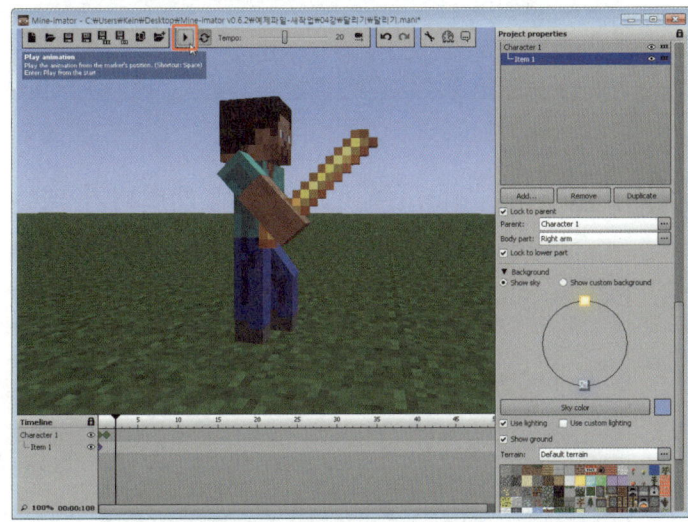

> 템포를 조절하면 천천히 걷거나 뛰는 모습을 만들 수 있어요.

06 캐릭터가 들판을 뛰어 가는 모습을 만들기 위해 '2 키프레임'을 선택해요. 빨간색 화살표를 캐릭터의 앞 부분으로 드래그하여 이동해요.

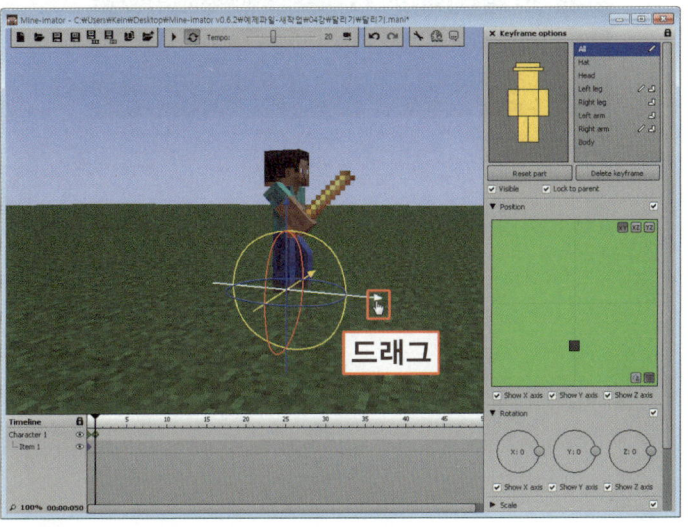

07 같은 방법을 이용하여 앞으로 달려가는 동작을 하도록 키프레임을 삽입하고 캐릭터의 팔과 다리를 움직여 달리는 모습을 만들어요.

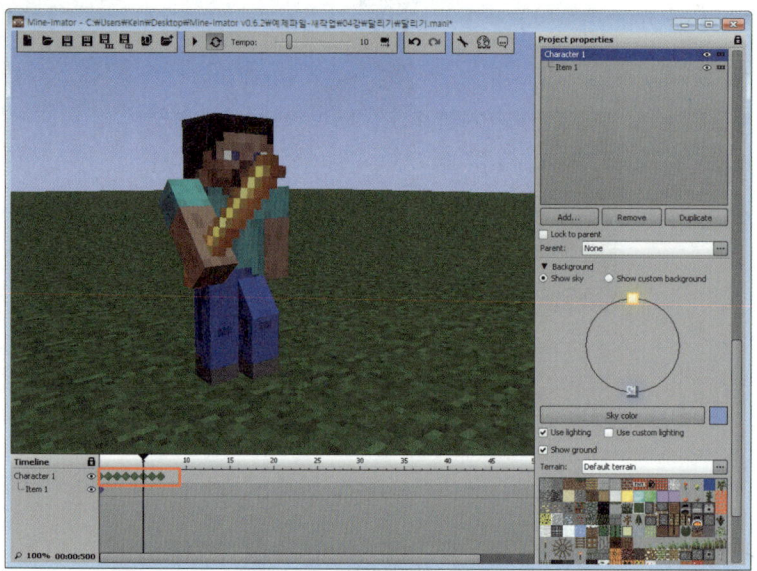

08 [Play animation(▶)]을 클릭해 캐릭터가 뛰는 모습을 애니메이션으로 확인해요.

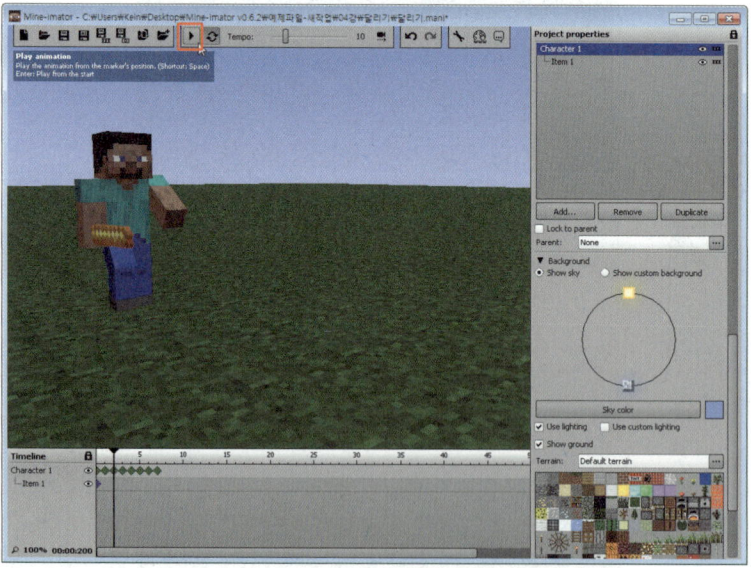

① 파일을 불러온 후 늑대보다 닭이 더 빨리 도망가도록 애니메이션을 완성해 보세요.

● 연습파일 : 동물달리기.mani
◎ 완성파일 : 동물달리기(완성).mani

② 파일을 불러온 후 돼지가 장애물을 점프하면서 달려가는 애니메이션을 완성해 보세요.

● 연습파일 : 장애물달리기.mani
◎ 완성파일 : 장애물달리기(완성).mani

05강 스티브의 친구들은 따라쟁이!

화면에 이미 삽입된 캐릭터를 하나 더 복제할 수 있어요. 복제한 캐릭터의 키프레임을 이동하고 움직임을 따라하는 애니메이션을 만들어 보아요.

학습 목표
- 삽입된 캐릭터와 속성을 복제해 봅니다.
- 키프레임을 이동하고 복사해 봅니다.
- 자연스럽게 이동하는 애니메이션을 만들어 봅니다.

▲ 완성파일

01 키프레임을 이동해요.

● 연습파일 : 캐릭터복사.mani   ◎ 완성파일 : 캐릭터복사(완성).mani

키프레임이 설정되어 있는 캐릭터를 복제하고 키프레임을 다른 위치로 이동하는 방법을 알아보아요.

01 파일을 불러온 후 캐릭터를 복제하기 위해 [Project properties]의 [Library]에서 'Character 1'을 선택한 후 [Duplicate]를 클릭해요.

[Duplicate]는 캐릭터의 모든 속성을 함께 복사해요.

02 그림과 같이 캐릭터가 복제되고 [Timeline]에 새로운 [Timeline]이 삽입돼요. 이전 캐릭터에 설정된 모든 키프레임이 그대로 복제된 것을 확인할 수 있어요.

복제된 캐릭터가 이전 캐릭터에 겹쳐서 표시되지 않을 수 있어요.

03 복사한 캐릭터를 옆으로 이동하기 위해 복제된 캐릭터의 [Timeline]에서 '1 키프레임'을 선택하고 노란색 화살표를 드래그하여 캐릭터를 오른쪽으로 이동해요.

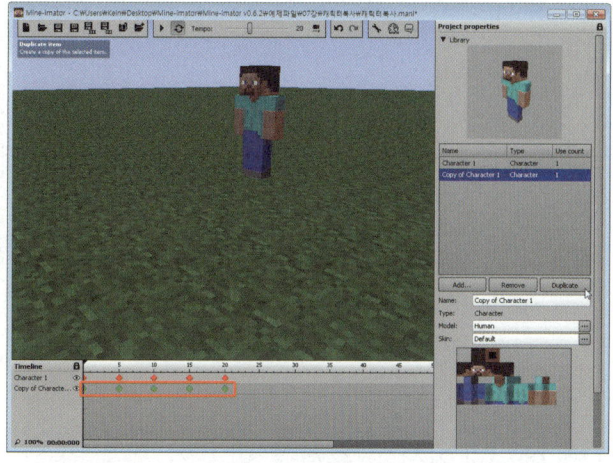
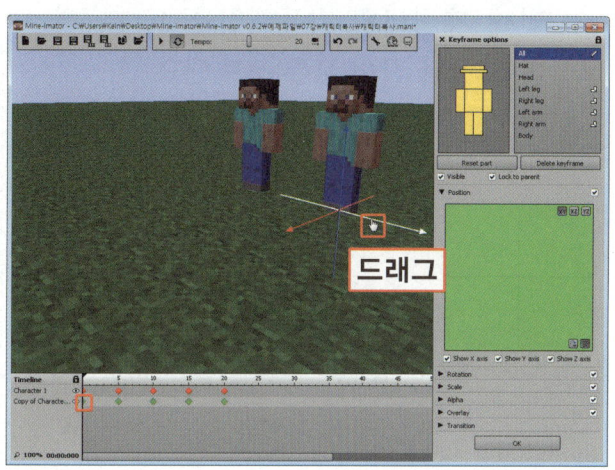

04 '20 키프레임'을 선택하고 노란색 화살표를 드래그하여 캐릭터를 그림과 같이 오른쪽으로 이동해요.

마지막 프레임을 조절하지 않으면 이전의 캐릭터와 겹쳐져요.

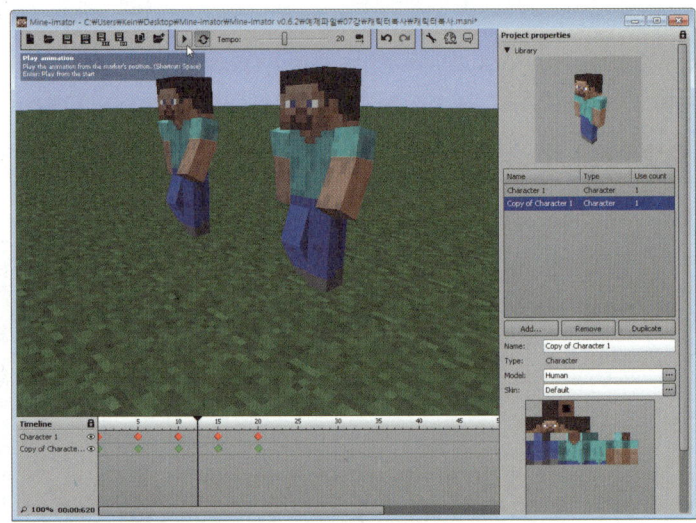

05 [Play animation()]을 클릭하여 애니메이션을 실행하면 두 캐릭터가 똑같이 걷는 모습을 확인할 수 있어요.

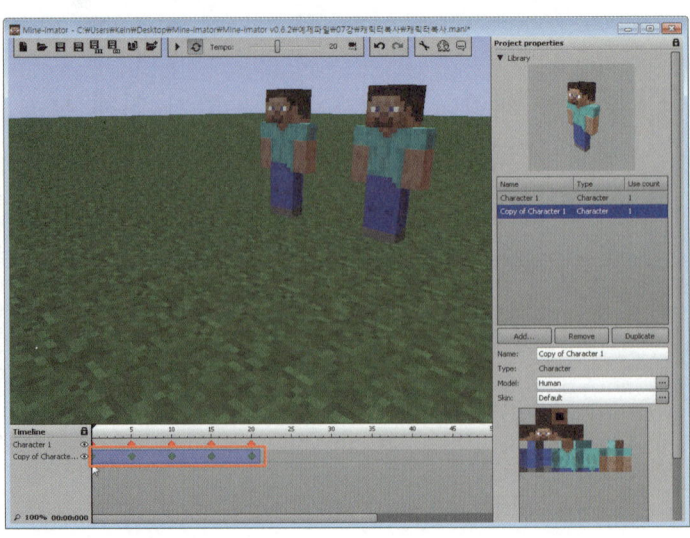

06 애니메이션의 순서를 바꾸기 위해 두 번째 캐릭터의 키프레임을 드래그하여 그림과 같이 모두 선택해요.

다른 [Timeline]의 키프레임이 선택되지 않도록 주의해요.

07 [Timeline]의 모든 키프레임이 선택되면 드래그하여 그림과 같이 첫 번째 캐릭터의 마지막 키프레임 위치부터 시작하도록 이동해요.

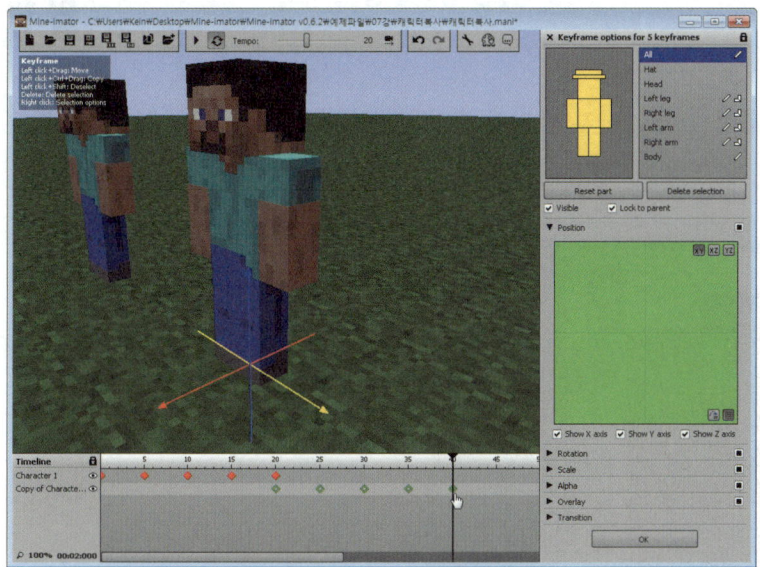

> 키프레임을 이동하여 캐릭터가 이동하는 순서를 조절할 수 있어요.

08 [Play animation()]을 클릭하여 애니메이션을 실행하면 첫 번째 캐릭터가 걸어간 후 두 번째 캐릭터가 걸어가는 것을 확인할 수 있어요.

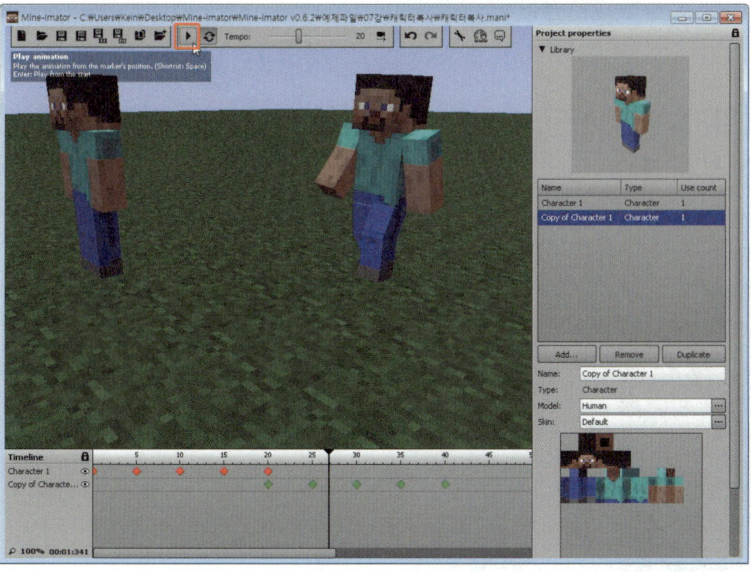

 **키프레임을 복사하고 자연스럽게 연결해요.**

키프레임을 다른 부분에 복사하고 자연스럽게 걸어가는 모습을 만드는 방법을 알아보아요.

01 첫 번째 캐릭터의 [Timeline]에서 모든 키프레임을 드래그하여 선택해요. 선택된 키프레임들을 Ctrl 을 누른 상태에서 드래그하여 '25 키프레임' 위치로 복사해요.

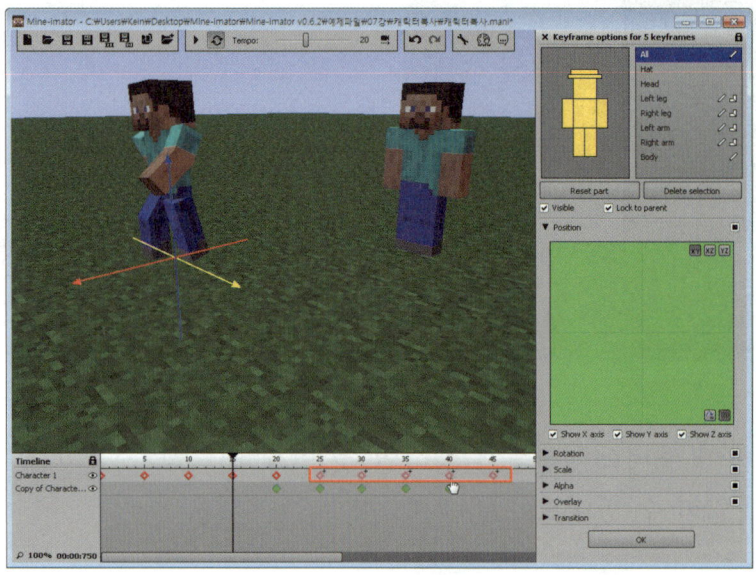

그냥 드래그하면 키프레임이 다른 부분으로 이동해요.

02 복사된 키프레임 중 '25 키프레임'을 선택하고 캐릭터의 위치를 앞으로 당긴 후 뒤를 바라보도록 파란색 원을 드래그하여 회전시켜요.

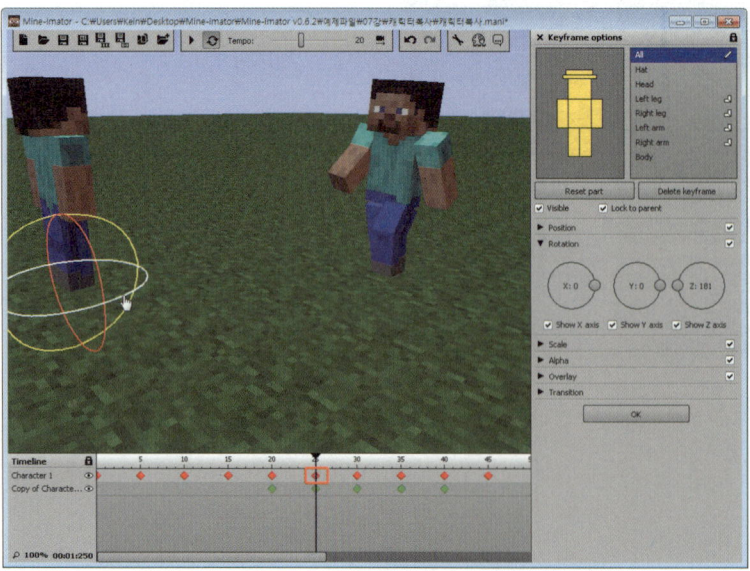

03 복사된 키프레임 중 '45 키프레임'을 선택하고 파란색 원을 드래그하여 캐릭터를 뒤를 바라보도록 회전시킨 후 그림과 같이 뒤로 이동시켜요.

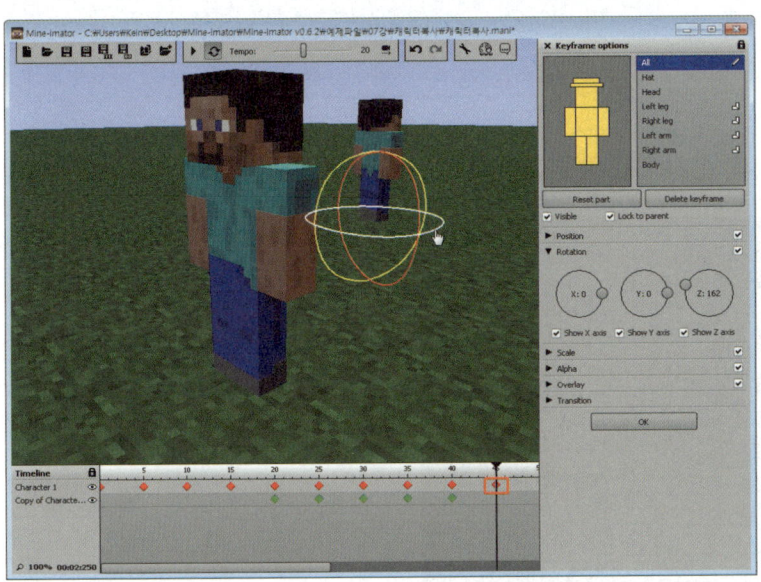

04 자연스럽게 뒤를 돌아보도록 그림과 같이 돌아보는 동작 중간에 '22 키프레임'을 삽입해요. 팔과 다리를 각각 회전시켜 걷는 움직임을 만들고 [Play animation(▶)]을 클릭해서 애니메이션을 실행하여 자연스럽게 뒤돌아 가는 애니메이션을 확인해요.

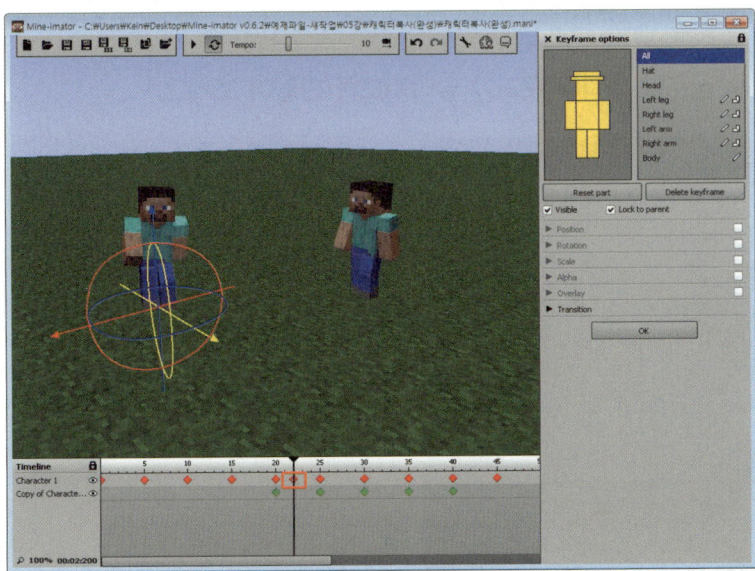

① 파일을 불러온 후 캐릭터를 복제한 후 순서대로 팔을 흔들어 응원하는 애니메이션을 만들어 보세요.

● 연습파일 : 치킨런.mani
◉ 완성파일 : 치킨런(완성).mani

② 파일을 불러온 후 캐릭터를 복사한 후 점프할 때마다 포즈가 달라지도록 만들어 보세요.

● 연습파일 : 점프.mani
◉ 완성파일 : 점프(완성).mani

자연스럽게 걸어가요!

캐릭터가 자연스럽게 걸어가는 모습을 자동으로 만들 수 있어요. 키프레임을 자동으로 생성해서 캐릭터를 이동하는 애니메이션을 만들어 보아요.

학습 목표
- 캐릭터가 자연스럽게 걷는 동작을 만들어 봅니다.
- 템포를 이용하여 속도를 조절하는 방법을 알아봅니다.

▲ 완성파일

01

● 연습파일 : 자동키프레임.mani   ◎ 완성파일 : 자동키프레임(완성).mani

자연스러운 움직임을 만들어요.

키프레임 사이를 자동으로 채워 자연스럽게 걷는 모습의 키프레임을 만들 수 있어요. 자동으로 키프레임을 생성하는 방법을 알아보아요.

01 파일을 불러온 후 마우스를 드래그하여 화면을 이동시켜 그림과 같이 표시하고 [Timeline]의 [Character1]에 '20 키프레임'을 삽입해요.

> 키프레임 사이가 적당히 길어야 걷는 모습을 자연스럽게 만들 수 있어요.

02 '1 키프레임'을 선택하고 마우스 오른쪽 버튼을 클릭한 후 [Create walking animation to next keyframe]을 선택해요.

> 자동으로 걷는 모습을 키프레임으로 만들어 주는 메뉴예요.

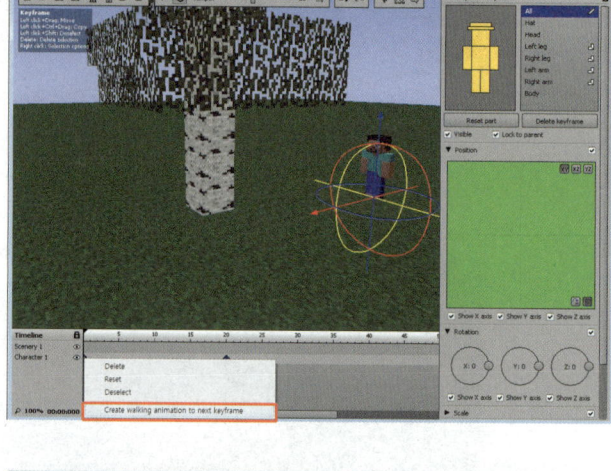

03 두 개의 키프레임 사이에 자동으로 키프레임이 삽입되면 [Play animation(▶)]을 클릭해 애니메이션을 실행해요. 캐릭터가 자연스럽게 걷는 모습을 확인할 수 있어요.

> 키프레임 사이의 거리가 넓어야 자연스럽게 걷는 모습을 만들 수 있어요.

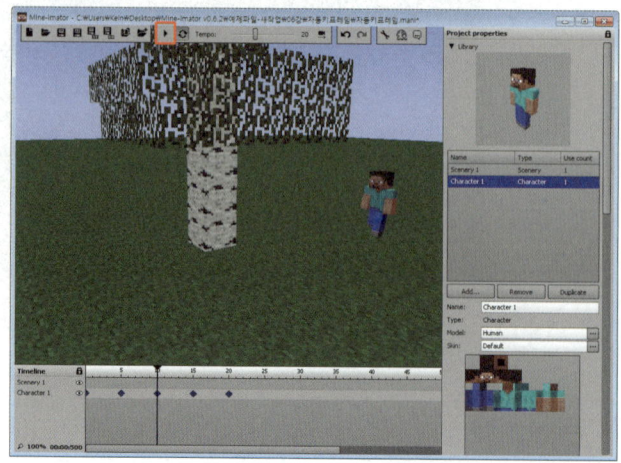

04 애니메이션을 중지시킨 후 '20 키프레임'을 선택하고 캐릭터를 그림과 같은 위치로 이동해요. [Play animation(▶)]을 클릭해 애니메이션을 실행하면 캐릭터가 앞으로 걸어가는 것을 확인할 수 있어요.

> 캐릭터의 위치를 먼저 조절한 후 [Create walking animation to next keyframe]을 선택해도 돼요.

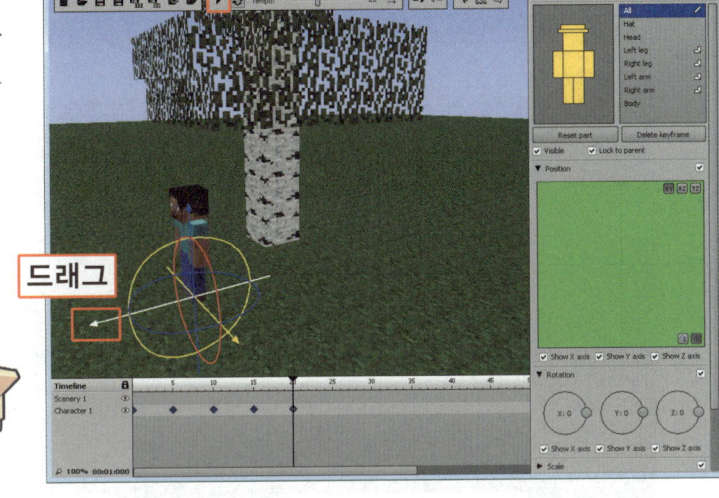

05 새로운 캐릭터를 삽입하기 위해 [Project properties]의 [Add]를 클릭해요. 표시된 목록에서 [Character]를 선택해요. 기본 캐릭터가 삽입되면 다른 캐릭터로 바꾸기 위해 [Model]의 목록 단추를 클릭한 후 'Cow'를 선택해요. [Timeline]의 [Chatacter 2]에서 '5 키프레임'을 만든 후 그림과 같은 위치로 이동해요.

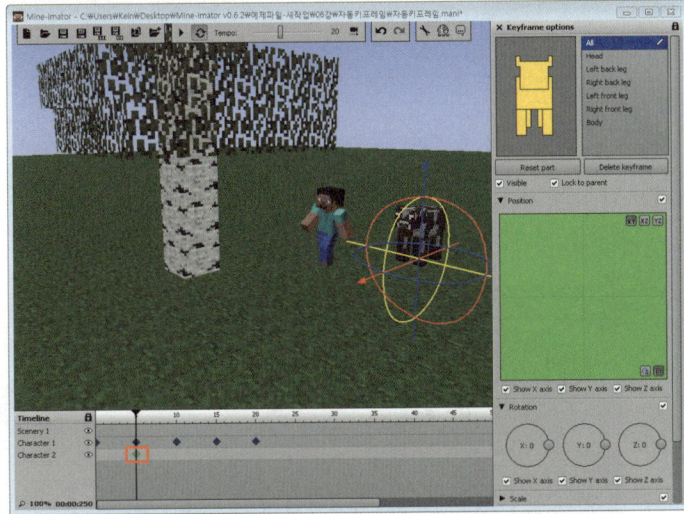

06 [Timeline]의 [Chatacter 2]에서 '25 키프레임'을 만든 후 소 캐릭터를 그림과 같은 위치로 이동해요.

> 캐릭터를 이동할 때 지면과 발이 떨어지지 않도록 주의해요.

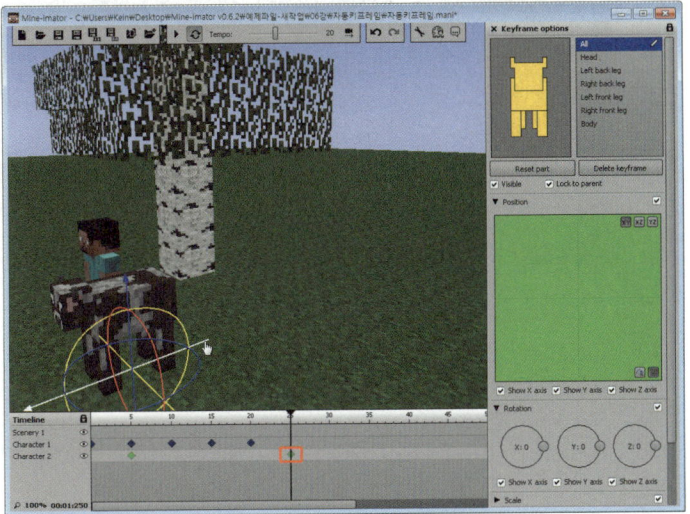

07 자연스럽게 걸어가는 애니메이션을 만들기 위해 '5 키프레임' 위에서 마우스 오른쪽 버튼을 클릭한 후 [Create walking animation to next keyframe]을 선택해요.

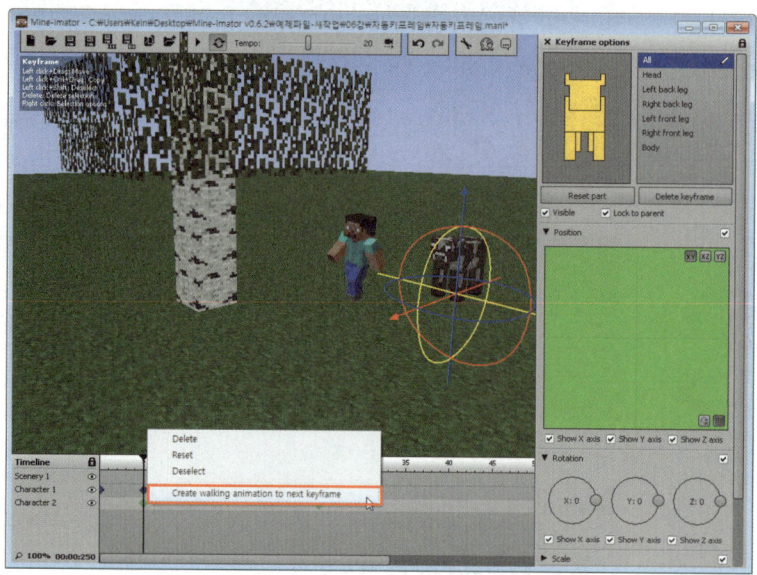

08 [Play animation(▶)]을 클릭하여 애니메이션을 실행해요. 소 캐릭터가 4개의 다리를 이용하여 자연스럽게 걸어가는 모습이 만들어져요.

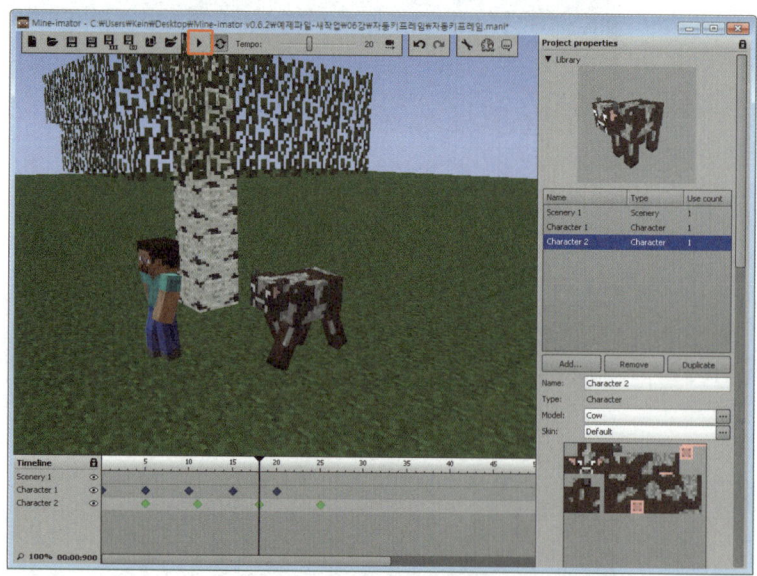

사람 모양의 캐릭터와 움직임을 비교해 보세요.

02 움직이는 속도를 조절해요.

애니메이션의 빠르기를 조절하려면 어떻게 해야 할까요? 템포를 이용하여 애니메이션 속도를 조절해 보아요.

01 애니메이션의 움직임을 느리게 만들기 위해 화면 상단의 [Tempo]를 '15'로 설정하고 [Play animation(▶)]을 클릭하여 애니메이션을 실행해요. 걸어가는 애니메이션이 느려진 것을 확인할 수 있어요.

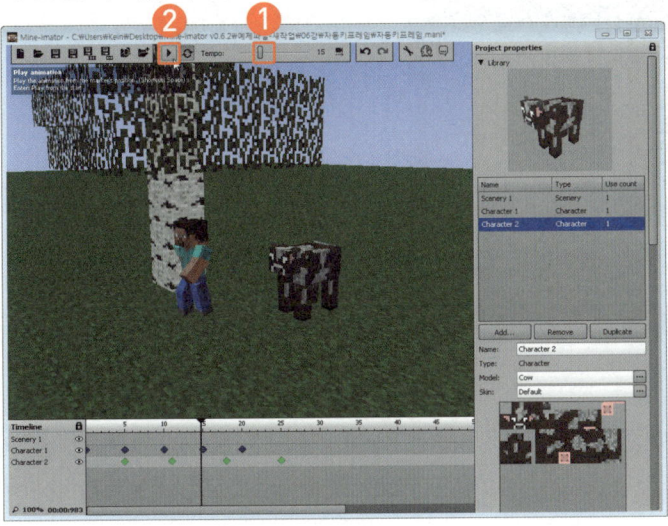

[Tempo]의 기본 설정된 값은 '20'이에요.

02 소 캐릭터의 [Timeline]에 '30 키프레임'과 '45 키프레임'을 새로 삽입해요. '30 키프레임' 위에서 마우스 오른쪽 버튼을 클릭한 후 [Create walking animation to next keyframe]을 선택해요. 그림과 같이 '45 키프레임'까지 자동으로 새로운 키프레임이 삽입된 것을 확인한 후 Ctrl + Z 를 눌러 작업을 취소해요.

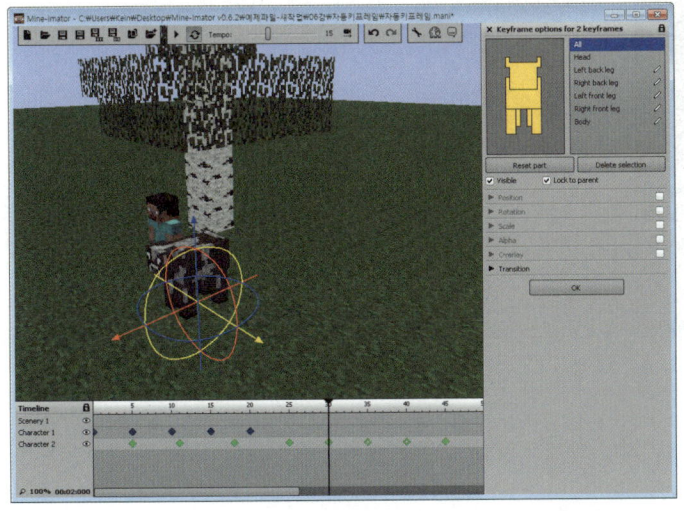

[Tempo]는 애니메이션 전체 속도를 조절할 수 있어요.

03 다시 [Tempo]를 '5'로 설정하고 [Play animation(▶)]을 클릭하면 움직임이 더 느려진 것을 확인할 수 있어요.

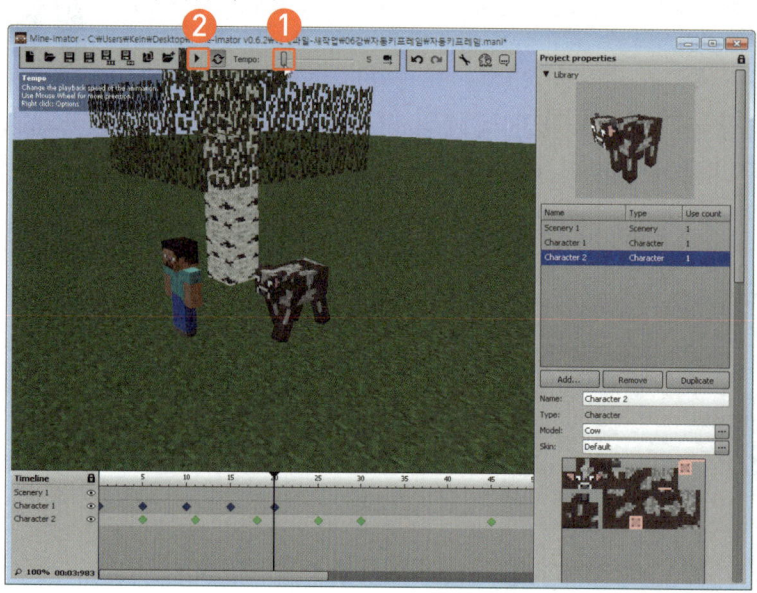

04 '30 키프레임'을 선택하고 마우스 오른쪽 버튼을 클릭하여 표시되는 메뉴에서 [Create walking animation to next keyframe]을 적용해요. 이전보다 자동으로 만들어 삽입되는 키프레임들이 이전보다 더 많이 삽입된 것을 확인할 수 있어요.

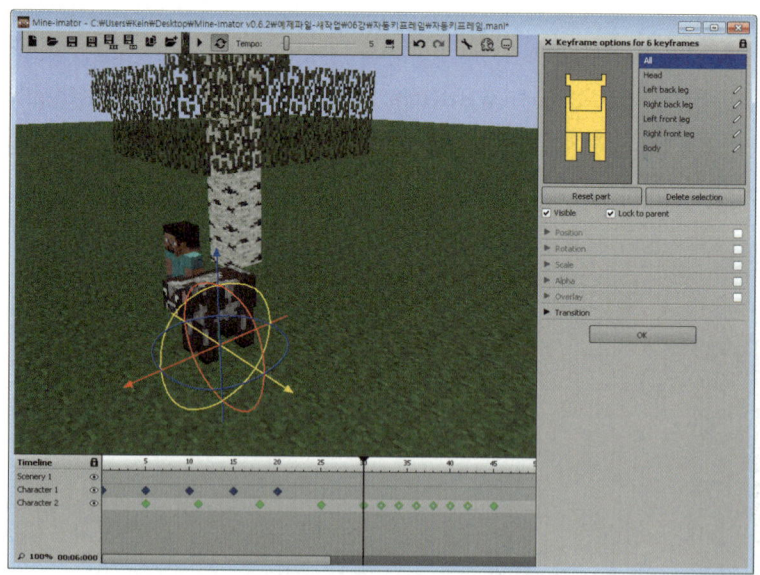

[Tempo]가 느릴수록 자연스럽게 움직이는 모습이 삽입돼요.

① 파일을 불러온 후 동물들이 겹치지 않고 걸어가는 애니메이션을 만들고 걷는 모습을 확인해 보세요.

● 연습파일 : 동물걷기.mani
◉ 완성파일 : 동물걷기(완성).mani

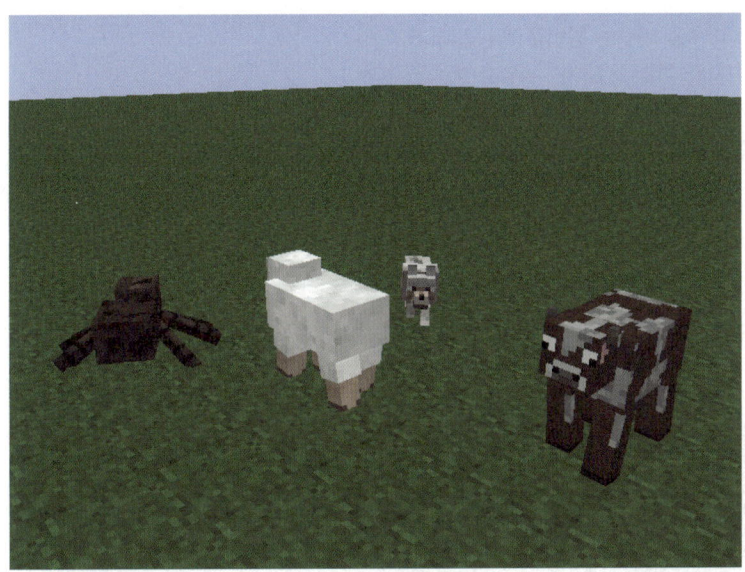

② 파일을 불러온 후 그림과 같이 캐릭터를 삽입하고 순서대로 걸어가는 애니메이션을 만들어 보세요.

● 연습파일 : 순서대로걷기.mani
◉ 완성파일 : 순서대로걷기(완성).mani

07강 멋진 조명을 달고 카메라로 촬영해요.

상황에 맞는 배경으로 바꾸고 조명을 달아 여러 가지 색의 빛 효과가 나타나도록 만들어요.
카메라로 애니메이션을 내가 원하는 방향으로 촬영하는 방법을 알아보아요.

학습 목표
- 배경 이미지를 바꾸는 방법을 배워봅니다.
- 조명 위치와 색을 조절하는 방법을 배워봅니다.
- 카메라를 이용하여 공중에서 촬영하는 방법을 알아봅니다.

▲ 완성파일

01 배경이미지를 바꿔요.

● 연습파일 : 배경조명바꾸기.mani   ◎ 완성파일 : 배경조명바꾸기(완성).mani

마인이메이터의 기본 배경은 녹색 초원이죠?
다른 바닥으로 바꾸고 하늘의 색을 변경하는 방법을 알아보아요.

01 파일을 불러온 후 배경을 바꾸기 위해 [Project properties]의 [Background]를 클릭해요. 사용할 수 있는 배경 목록이 표시되면 그림과 같은 배경 바닥으로 사용할 이미지를 선택해요.

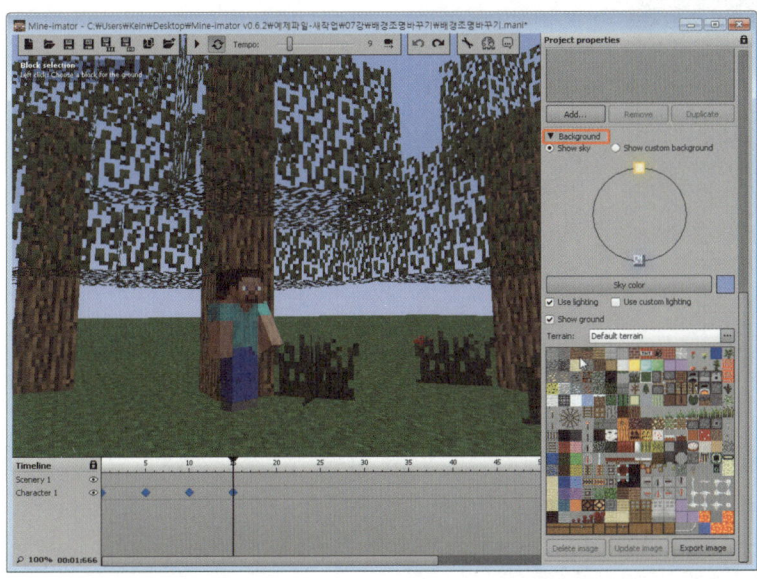

만드려는 애니메이션에 어울리는
배경을 선택해요.

02 선택한 이미지가 바닥에 적용되는 것을 확인할 수 있어요. 하늘의 색을 바꾸기 위해 [Project properties]의 [Background]에서 [Sky color]를 클릭해요.

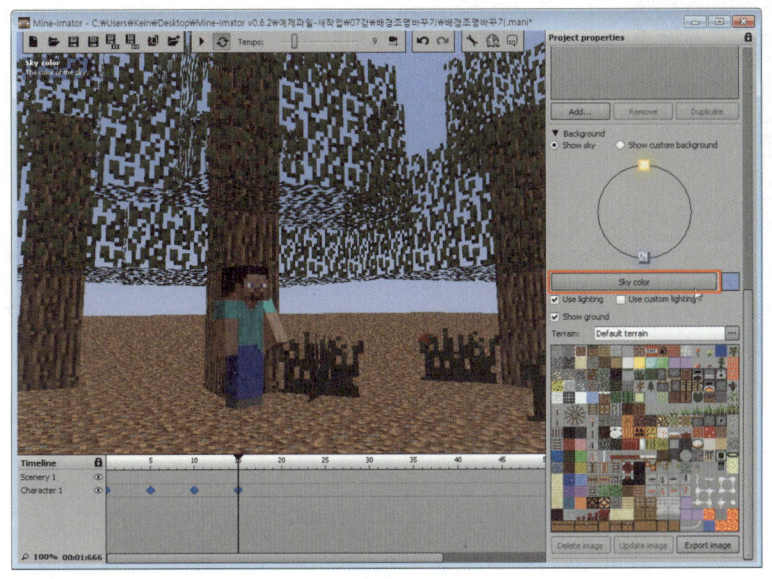

하늘의 색을 바꿔
재미있는 내용으로 애니메이션을
구성할 수 있어요.

03 [색] 대화상자가 표시되면 '녹색'을 선택한 후 [확인] 단추를 클릭해요. 하늘의 색이 파란색에서 녹색으로 바뀐 것을 확인할 수 있어요.

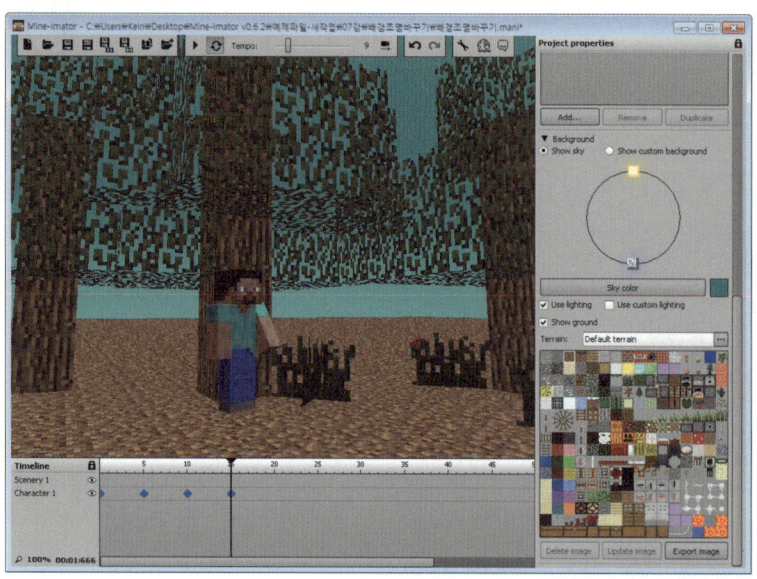

04 해의 위치를 바꾸기 위해 [Background]에서 해와 달이 표시된 원을 그림과 같이 드래그하여 방향을 바꿔요. 하늘이 어두워지고 밤이 되면서 별이 표시돼요.

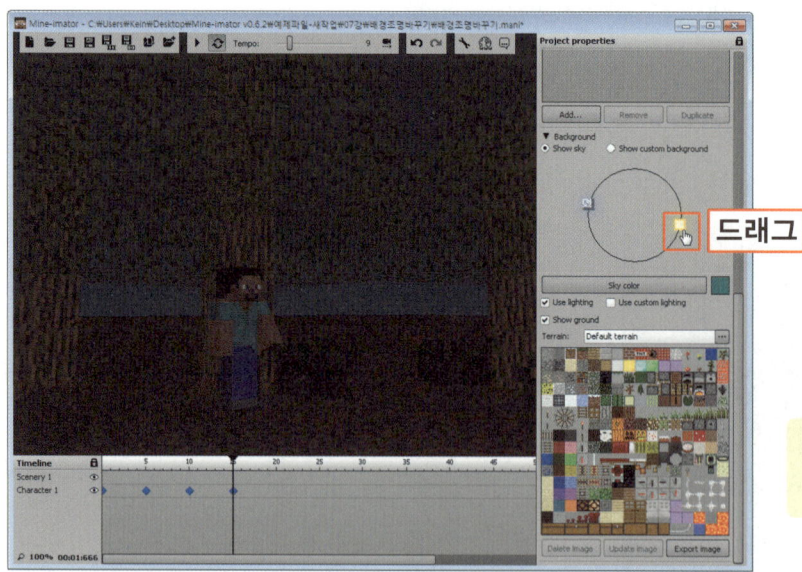

해의 위치를 바꿔 낮과 밤을 표현할 수 있어요.

색이 바뀌는 조명을 만들어요.

캐릭터들이 신나는 춤을 출 때 조명이 여러 색으로 반짝거리게 만들어요. 조명을 추가하고 사용하는 방법을 알아보아요.

01 조명을 추가하기 위해 [Project properties]의 [Library]에서 [Add]를 클릭하여 표시되는 목록에서 'Light'를 클릭해요. [Timeline]에 추가된 'Light 1'의 '1 키프레임'을 클릭해 새로운 키프레임을 만들어요. 조명이 삽입되고 밝아지는 것을 확인할 수 있어요.

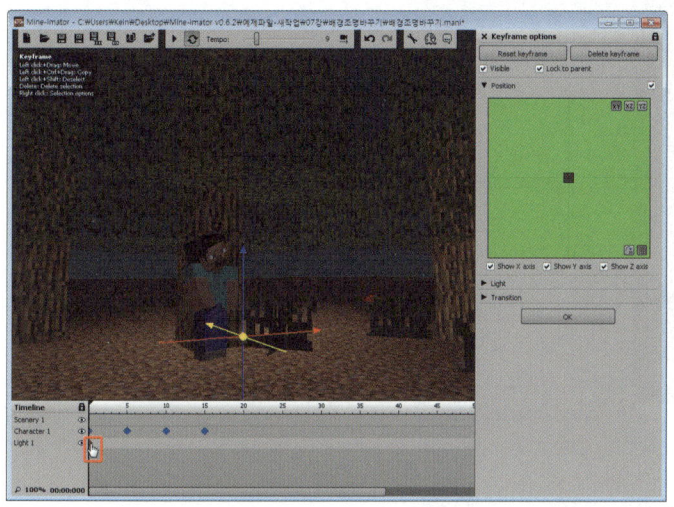

[Light]는 조명의 위치, 색, 밝기를 조절할 수 있어요.

02 다른 색의 조명을 추가하기 위해 '5 키프레임'을 클릭해 새로운 키프레임을 만들어요. 선택한 '5 키프레임'의 조명색을 바꾸기 위해 [Keyframe options]에서 [Light]의 [Color] 단추를 클릭해 표시되는 색 목록에서 '빨간색'을 선택하고 [확인] 단추를 클릭해요. 같은 방법으로 '10 키프레임'과 '15 키프레임에도 조명을 만들어요.

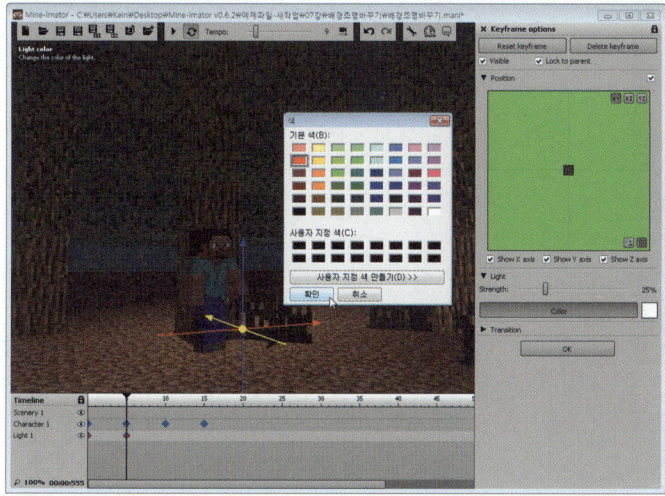

03 카메라의 [Timeline]을 만들어요.

하늘 높은 곳에서 멋진 배경을 촬영하는 것처럼 만들 수 있어요. 카메라의 [Timeline]을 설정하는 방법을 알아보아요.

01 파일을 불러온 후 카메라의 [Timeline]을 설정하기 위해 [Camera timeline()]을 클릭해요. [Timeline]의 가장 윗부분에 'Camera' 가 표시돼요.

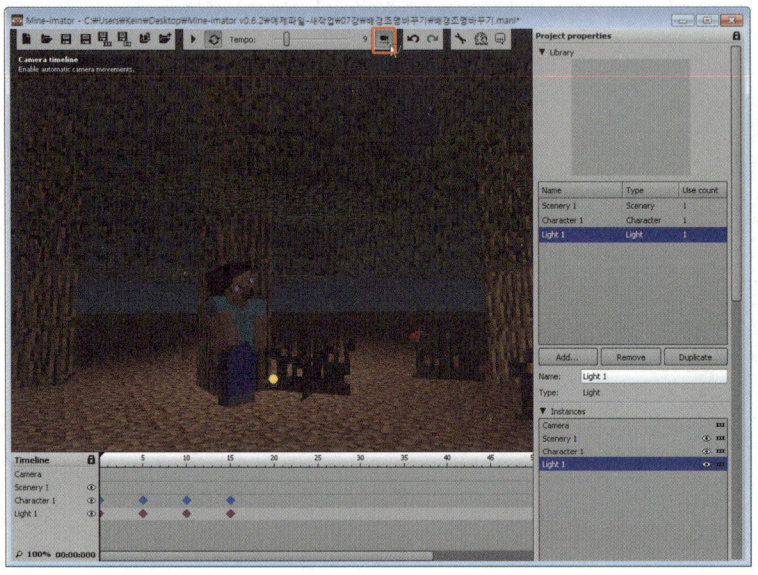

공중에서 카메라로 촬영한 것과 같은 효과를 낼 수 있어요.

02 카메라의 [Timeline]의 '1 키프레임'을 클릭해 새로운 키프레임을 삽입해요. 키프레임이 삽입되면 선택한 후 마우스 휠 버튼을 드래그하여 그림과 같이 화면을 표시해요.

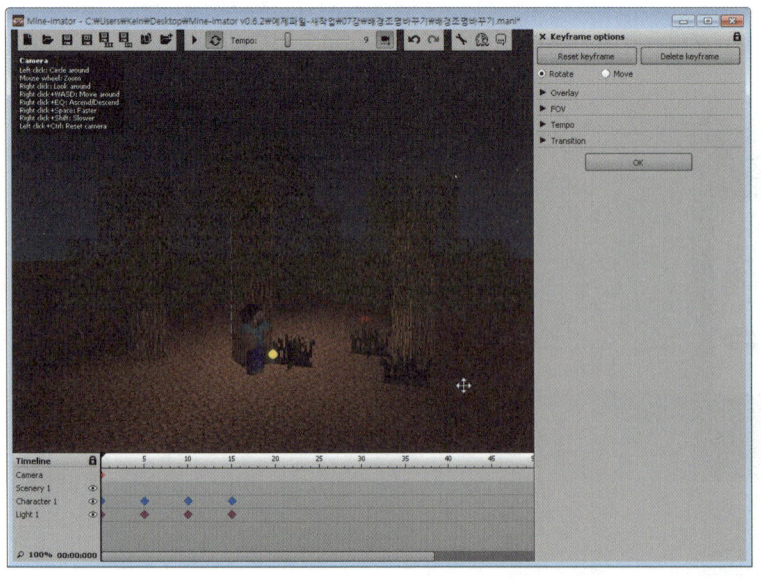

카메라의 보기만 바뀌고 캐릭터의 움직임은 그대로 있어요.

03 '5 키프레임'을 클릭하여 삽입한 후 마우스를 드래그하여 그림과 같이 캐릭터의 옆부분으로 표시되도록 화면을 이동하고 확대해요.

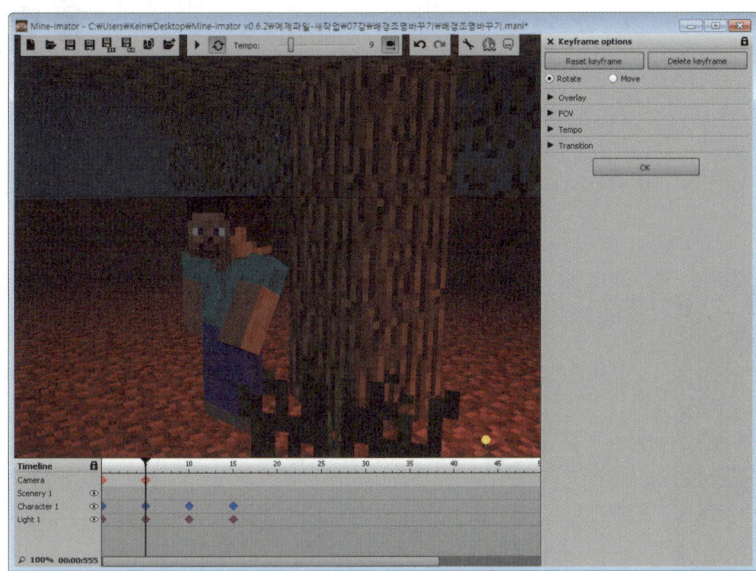

캐릭터 주변을 한 바퀴 돌면서 촬영하도록 설정해요.

04 '15 키프레임'을 클릭하여 삽입한 후 마우스로 드래그하여 그림과 같이 캐릭터가 표시되도록 화면을 이동하고 축소해요. [Play animation()]을 클릭하면 캐릭터 주변을 카메라로 촬영한 것처럼 보여줘요.

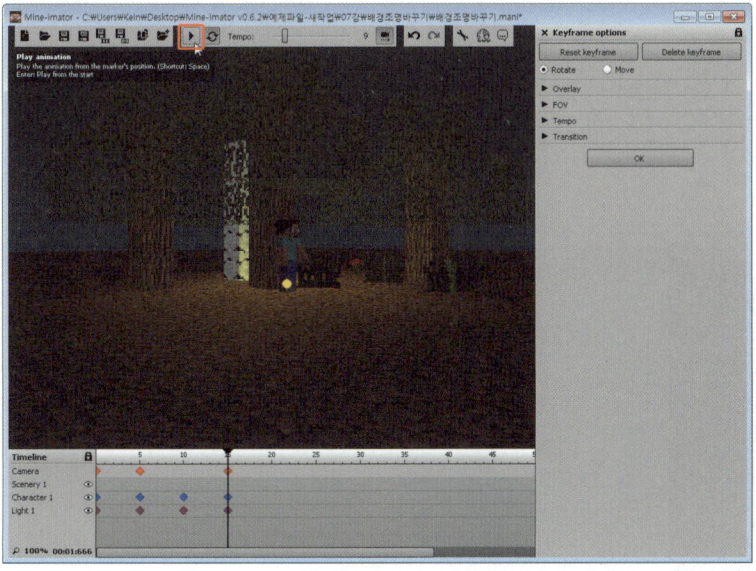

카메라의 [Timeline] 옵션을 조절해요.

카메라의 [Timeline] 옵션을 이용하여 재미있는 효과를 더 설정할 수 있어요. 카메라 [Timeline]의 옵션 설정 방법을 알아보아요.

01 카메라 [Timeline]의 '1 키프레임'을 선택한 후 [Keyframe options]의 [Overlay]에서 [Alpha]를 '50'으로 설정해요. [Play animation()]을 클릭해 애니메이션을 실행하면 화면이 검은색에서 점차 밝아져요.

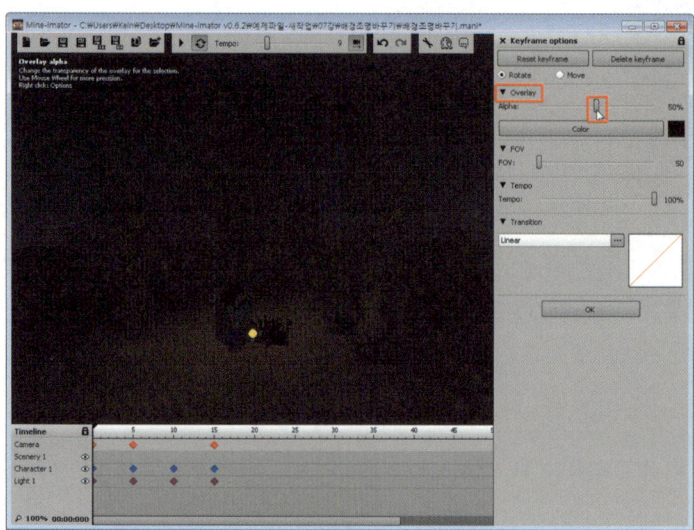

> 애니메이션을 시작하거나 끝날 때 효과를 적용하면 좋아요.

02 '5 키프레임'을 선택한 상태에서 [Tempo]를 '50%'로 설정해요. [Play animation()]을 클릭하여 애니메이션을 실행하면 '5 키프레임'이 실행될 때까지 속도가 느려진 것을 확인할 수 있어요.

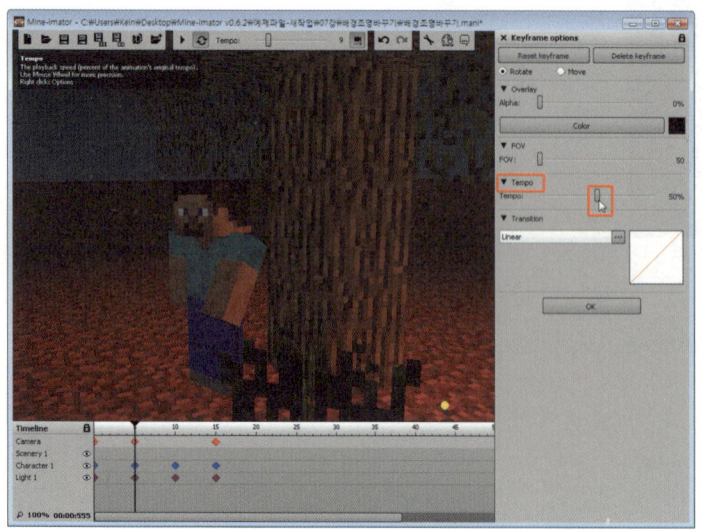

> 애니메이션의 일부분만 속도를 바꿀 때 사용해요.

혼자서 뚝딱뚝딱

① 파일을 불러온 후 배경을 밤으로 바꾸고 반짝거리는 조명 애니메이션을 만들어 보세요.

● 연습파일 : 통나무집.mani
◎ 완성파일 : 통나무집(완성).mani

② 파일을 불러온 후 좋아하는 색으로 조명이 바뀌도록 만들고 카메라 줌/아웃을 설정해 보세요.

● 연습파일 : 좀비의집.mani
◎ 완성파일 : 좀비의집(완성).mani

08강 동영상으로 저장해요

완성된 애니메이션은 동영상으로 저장할 수 있어요. 재미있게 만든 마인이메이터 동영상을 다른 프로그램에서 볼 수 있도록 동영상 파일을 저장하는 방법을 알아보아요.

학습 목표
- 애니메이션을 동영상 파일로 저장할 수 있습니다.
- 동영상 파일을 저장하기 위한 옵션 설정 방법을 배웁니다.

▲ 완성파일

01 애니메이션을 저장해요.

● 연습파일 : 애니메이션저장.mani   ◎ 완성파일 : 동영상.avi

마인이메이터에서 재미있게 만든 애니메이션을 동영상으로 저장하는 방법을 알아보아요.

01 파일을 불러온 후 애니메이션을 동영상 파일로 저장하기 위해 [Export as movie()]를 클릭해요.

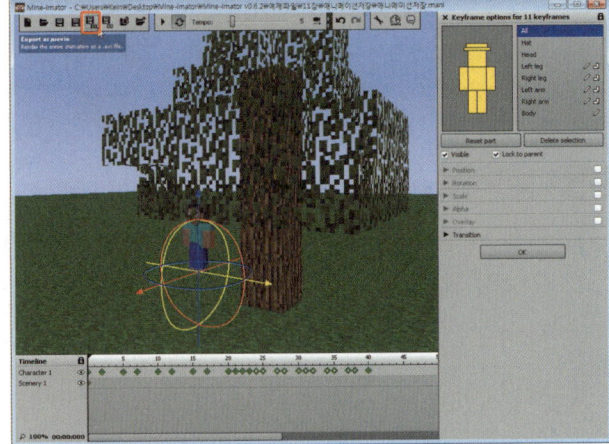

> [Timeline]에 키프레임이 만들어지지 않으면 메뉴가 활성화되지 않아요.

02 대화상자가 표시되고 동영상 파일로 저장하기 전에 애니메이션을 저장하라는 메시지가 표시되면 [Yes]를 클릭해요. 파일 저장 대화상자가 표시되면 원하는 파일 이름을 지정하고 저장해요.

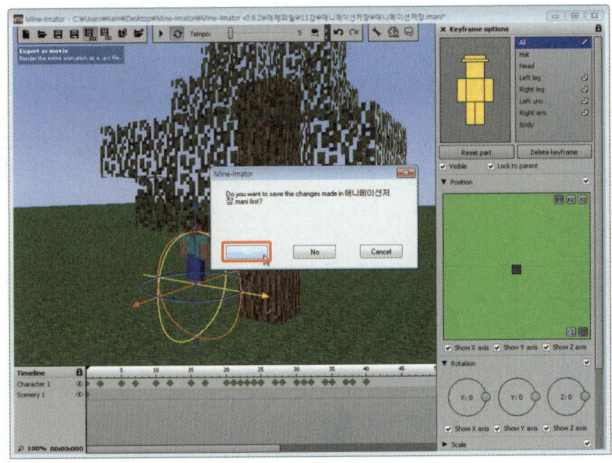

> 파일을 저장하지 않아도 동영상 파일을 만들 수 있어요.

03 작업한 파일이 저장된 후 다시 동영상을 저장할 수 있는 [다른 이름으로 저장] 대화상자가 표시되면 저장할 위치를 지정하고 [파일 이름]에 '동영상'을 입력한 후 [저장] 단추를 클릭해요.

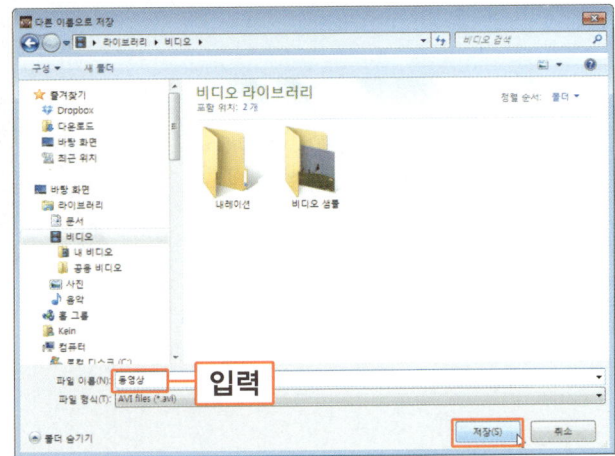

> 구분하기 쉬운 파일 이름으로 지정해요.

04 [비디오 압축] 대화상자가 표시되면 [압축 프로그램]을 'Microsoft Video 1'로 선택하고 [압축 품질]을 '75'로 설정한 후 [확인] 단추를 클릭해요.

압축 프로그램과 품질에 따라 해상도와 파일 용량이 바뀌어요.

05 마인이메이터 화면에 애니메이션이 실행되면서 동영상으로 저장되는 것을 확인할 수 있어요. 동영상 저장이 끝나고 그림과 같은 대화상자가 표시되면 저장한 동영상을 실행하기 위해 [Yes] 단추를 클릭해요.

동영상 파일을 확인하지 않고 계속 편집하려면 [No] 단추를 클릭해요.

06 컴퓨터에 설치된 동영상 플레이어가 자동으로 실행되고 저장된 동영상을 확인할 수 있어요.

동영상이 제대로 재생되지 않으면 다른 플레이어를 이용해요.

화면을 저장해요.

내가 만든 멋진 결과물을 이미지로 저장하려면 어떻게 해야 할까요?

01 화면을 저장하기 전에 먼저 그림과 같이 저장하려는 키프레임이나 장면을 선택해요. 화면을 이미지 파일로 저장하기 위해 [Export as screenshot(🖼)]을 클릭해요.

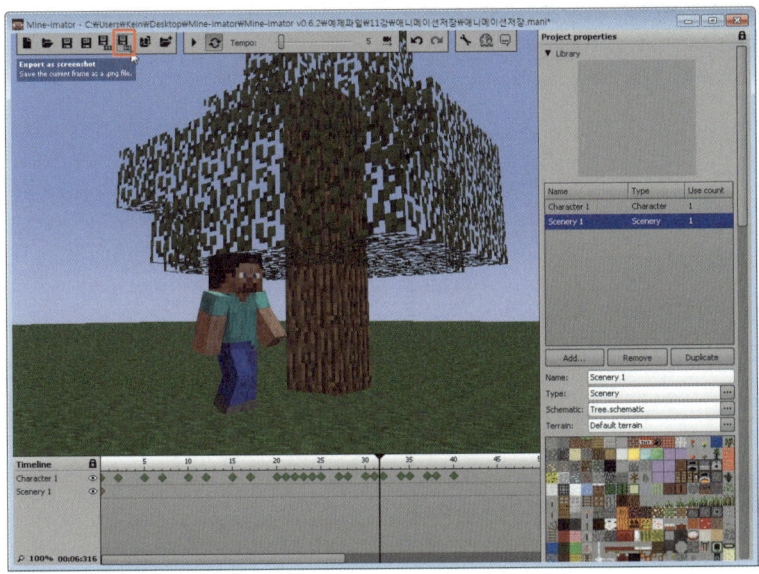

02 [다른 이름으로 저장] 대화상자가 표시되면 저장할 위치를 선택한 후 [파일 이름]에 '이미지'를 입력하고 [저장] 단추를 클릭해요.

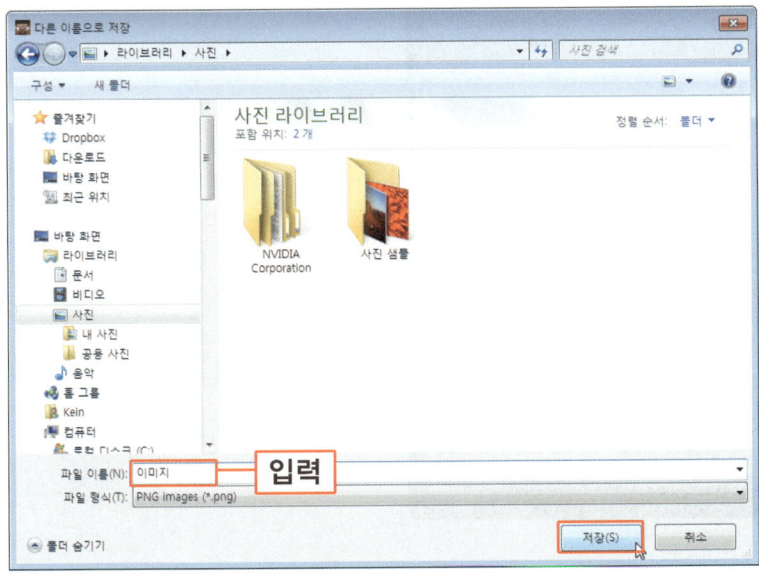

이미지 파일은 PNG 형식으로만 저장할 수 있어요.

다른 형식으로 저장해요.

저장한 동영상을 스마트폰이나 다른 장치에서 볼 수 있도록 바꾸는 방법을 알아보아요.

01 동영상 파일을 다른 형식으로 저장하기 위해 [다음 팟인코더]를 실행하고 [불러오기] 단추를 클릭하여 저장한 '동영상.avi' 파일을 불러와요.

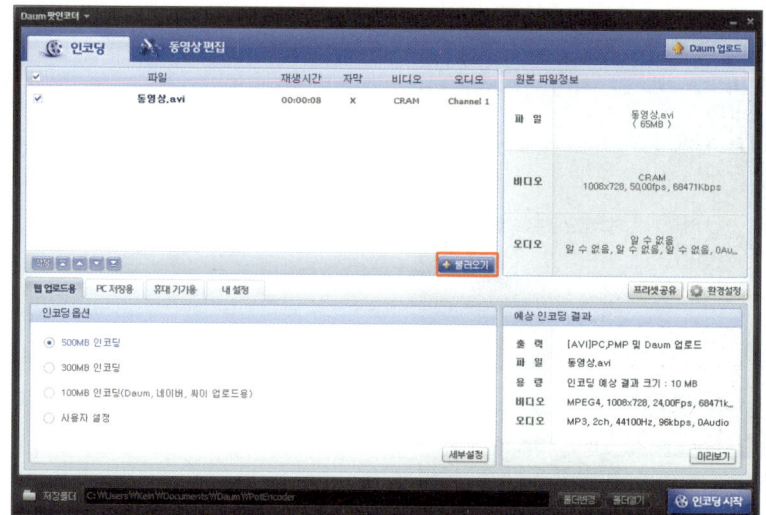

동영상 파일을 인코딩하면 용량을 줄일 수 있어요.

02 스마트폰과 같은 휴대용 장치에서 사용하기 위해 [PC저장용] 탭의 [인코딩 옵션]에서 'PC/PMP 용'을 선택해요. [파일 형식]을 'MP4', 나머지 옵션은 그림과 같이 설정한 후 [인코딩 시작]을 클릭해요.

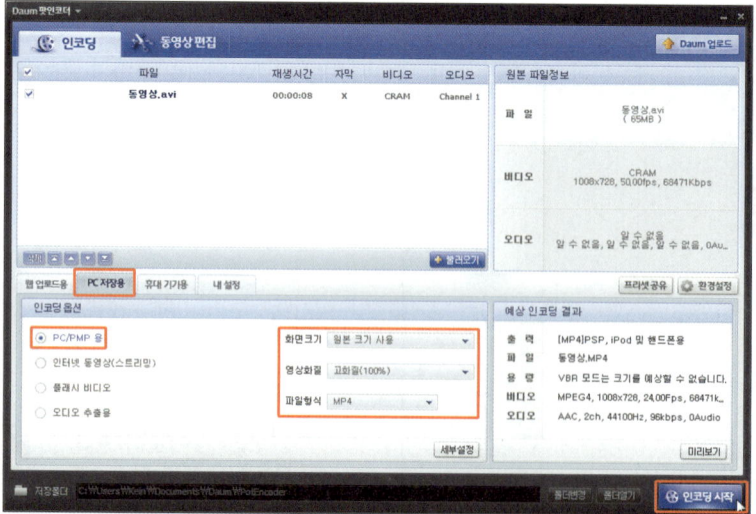

03 인코딩이 시작되면 그림과 같이 인코딩 중인 동영상을 미리 볼 수 있어요. [인코딩] 대화상자의 아래에 남은 시간과 저장되는 동영상 파일의 크기를 확인할 수 있어요.

04 인코딩이 완료되면 그림과 같이 메시지를 보여줘요. [폴더열기]를 클릭해 동영상 파일이 저장된 폴더가 열리면 파일을 재생해 확인해요.

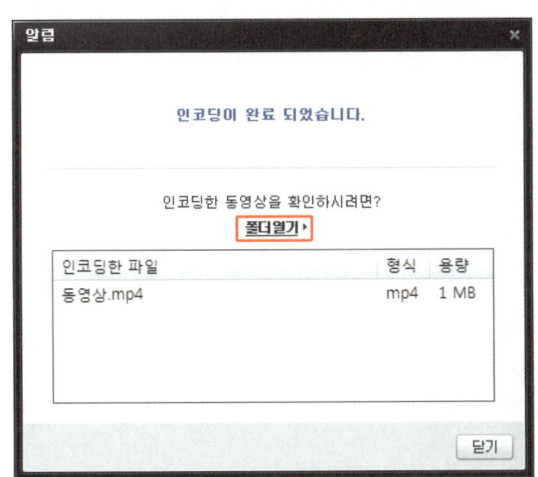

마인이메이터에서 저장하는 동영상 파일의 크기가 너무 클 때 인코딩을 해요.

혼자서 뚝딱뚝딱

1 파일을 불러온 후 캐릭터를 이동하여 수정한 다음 동영상 파일로 저장해 보세요.

- 연습파일 : 사막해골.mani
- 완성파일 : 사막해골(완성).mani, 사막해골.avi

2 파일을 불러온 후 그림과 같은 장면을 찾아 이미지로 저장해 보세요.

- 연습파일 : 사막돼지.mani
- 완성파일 : 사막돼지.png

09강

나무 위에서 사과가 떨어져요!

들판을 신나게 뛰어다니던 스티브가 나무에 쿵하고 부딪쳤어요. 뒤로 넘어져 버린 스티브의 머리 위로 나무에 대롱대롱 매달려있던 사과가 떨어지는 애니메이션을 만들어 보아요.

학습 목표
- 나무에 부딪치는 애니메이션을 만들어 봅니다.
- 넘어지는 동작을 하는 애니메이션을 만들어 봅니다.
- 사과가 떨어지는 애니메이션을 만들어 봅니다.

▲ 완성파일

01 나무에 부딪쳐서 넘어졌어요!

● 연습파일 : 사과나무.mani ◎ 완성파일 : 사과나무(완성).mani

캐릭터가 나무에 뛰어가 부딪치면 어떻게 될까요? 나무에 부딪치고 넘어지는 애니메이션을 만들어 보아요.

01 파일을 불러온 후 캐릭터가 달리는 모습을 만들기 위해 [Timeline]의 [Character]에 '10 키프레임'을 만들고 그림과 같이 나무에 부딪치도록 빨간색 화살표를 드래그하여 위치를 이동해요.

> 나무 바로 앞에서 멈추도록 캐릭터 위치를 조절해요.

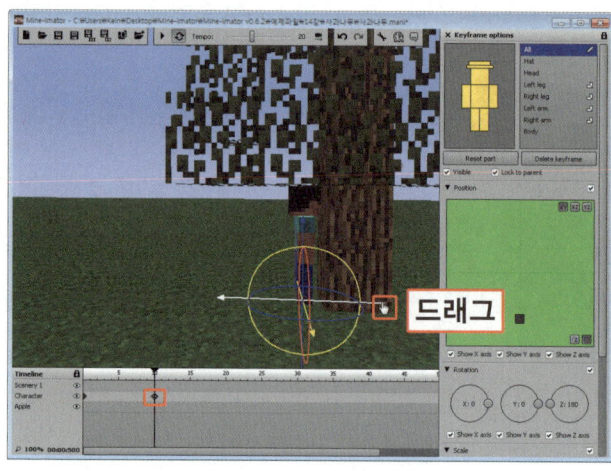

02 자연스럽게 뛰어오는 모습을 만들기 위해 '1 키프레임'을 선택하고 마우스 오른쪽 버튼을 클릭한 후 [Create walking animation to next keyframe]을 선택해요.

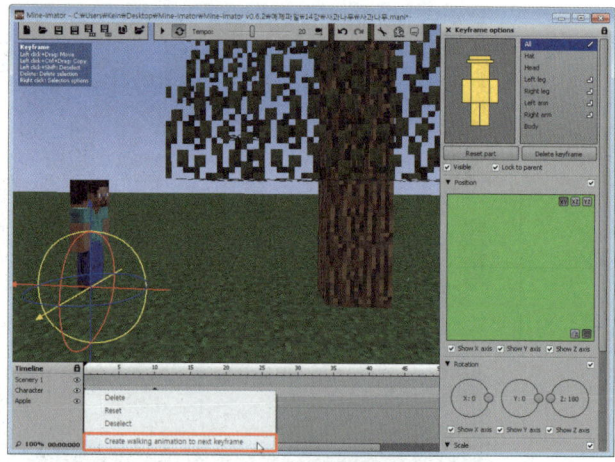

03 넘어지는 모습을 만들기 위해 [Timeline]의 [Character]에 '15 키프레임'을 새로 만든 후 [Keyframe options]에서 [Rotation]을 선택해요. 노란색 원을 회전시켜 그림과 같이 캐릭터가 뒤로 눕도록 만들어요.

> 바닥 아래로 캐릭터가 들어가지 않게 주의하여 조절해요.

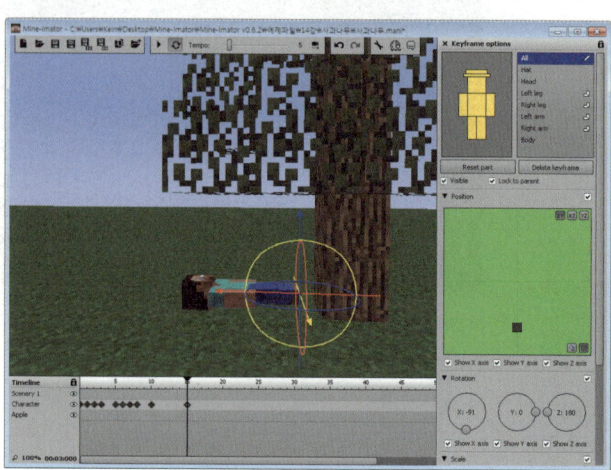

04 [Keyframe options]에서 'Body'를 선택해요. 캐릭터의 몸 부분만 선택되면 노란색 원을 회전시켜 그림과 같이 만들어요.

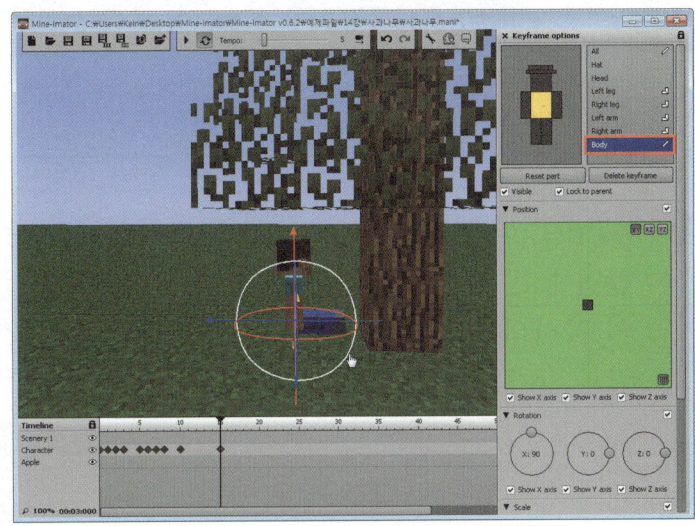

05 [Play animation(▶)]을 클릭하면 캐릭터가 걸어가다 나무에 부딪치고 넘어지는 애니메이션이 실행돼요.

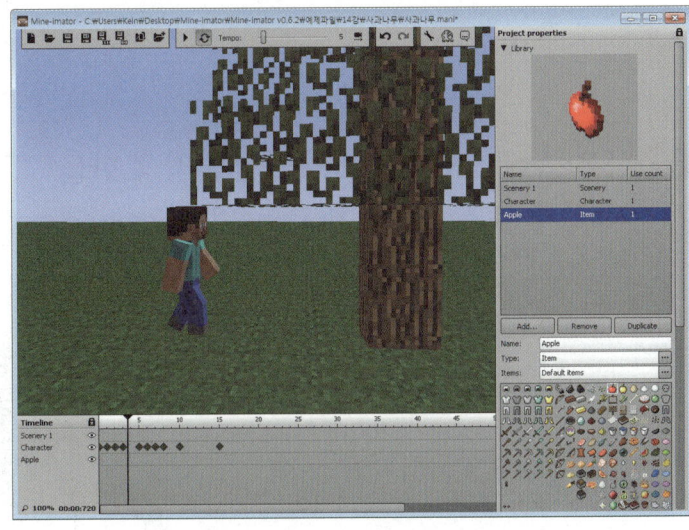

템포를 조절하면 뛰어가는 모습을 만들 수 있어요.

06 넘어지는 동작을 더 재미있게 꾸미기 위해 '10 키프레임'을 선택하고 마우스 오른쪽 버튼을 클릭한 후 [Create walking animation to next keyframe]을 선택해요. 자동으로 키프레임이 삽입되고 넘어지는 모습이 더 꾸며진 것을 확인할 수 있어요.

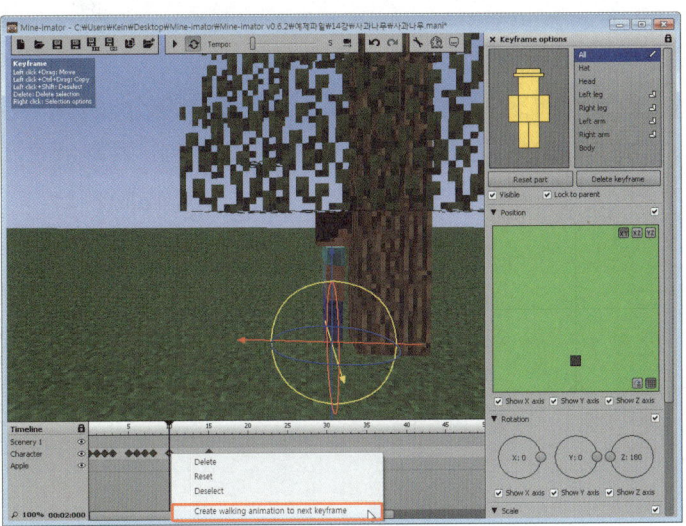

02 사과가 머리에 떨어졌어요!

나무에서 흔들거렸던 사과가 그만 떨어져 버렸어요. 넘어진 캐릭터 머리 위로 사과가 떨어지는 애니메이션을 만들어 보아요.

01 [Timeline]의 [apple]에 '20 키프레임'을 삽입해요. 화면에 미리 삽입한 사과 아이템이 표시되면 회전하고 위치를 이동해서 그림과 같이 나무 속으로 배치해요.

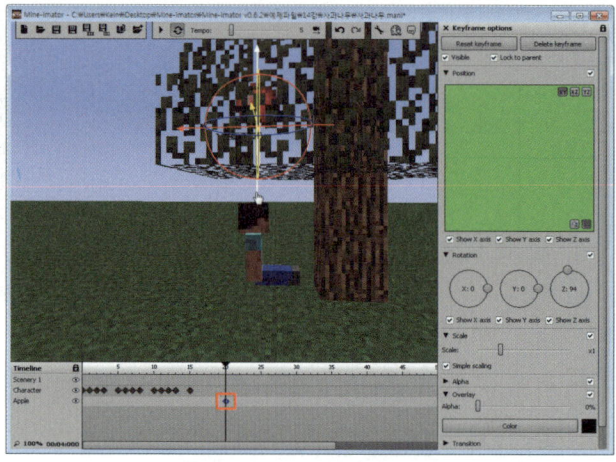

02 나무 속에 삽입된 사과의 크기를 작게 만들기 위해 [Keyframe options]의 [Scale]에서 'x0.5'로 값을 설정해 작게 만들어요.

Scale을 이용하여 사과가 캐릭터 머리 크기보다 작게 만들어요.

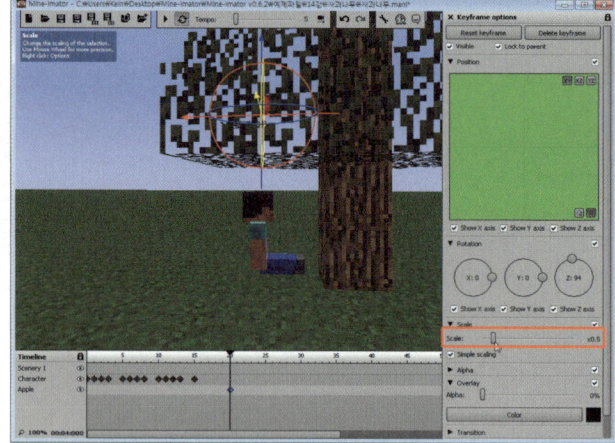

03 사과에 설정된 키프레임을 복사하기 위해 [Timeline]의 [apple] 프레임에 '20 키프레임'을 선택하고 Ctrl 을 누른 상태에서 드래그하여 '25 키프레임'에 복사해요.

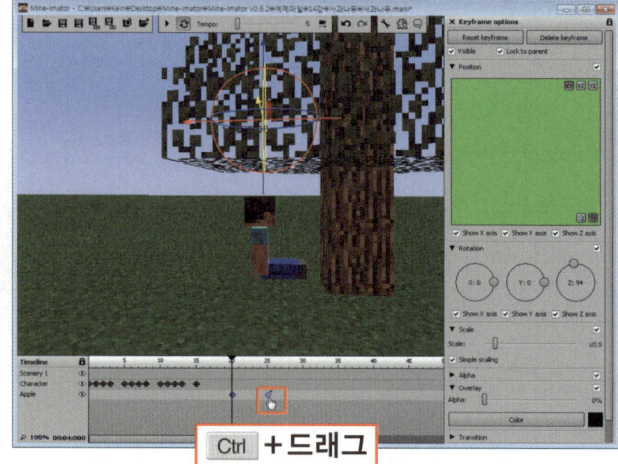

04 사과가 떨어지는 애니메이션을 만들기 위해 '25 키프레임'을 선택하고 파란색 화살표를 드래그하여 사과가 캐릭터의 머리 위에 떨어지도록 위치를 이동해요.

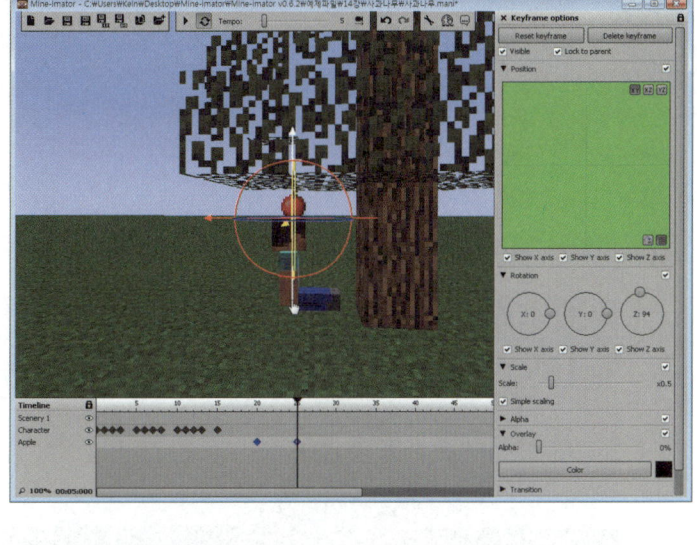

떨어지는 위치를 조금씩 바꾸어 재미있는 애니메이션을 만들어봐요.

05 사과가 떨어지기 전까지 나무 속의 사과가 표시되지 않도록 [Timeline]의 [apple]에 '19 키프레임'을 만들어요. [Keyframe options]에서 [Visible]을 해제하면 선택한 프레임까지 사과가 표시되지 않아요.

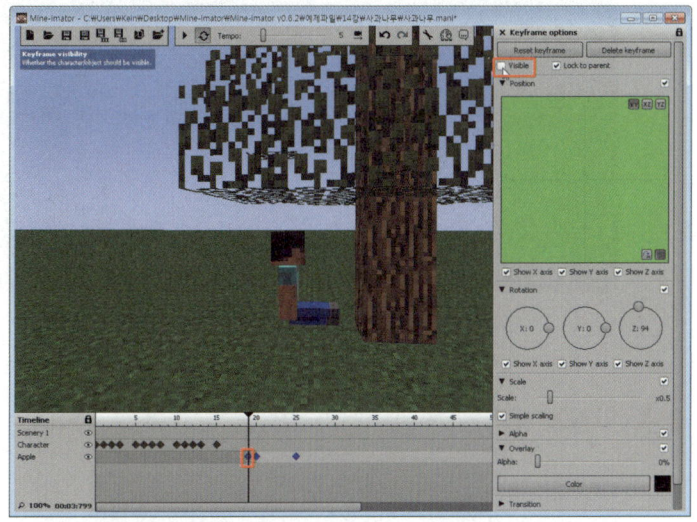

06 [Play animation(▶)]을 클릭하면 캐릭터가 나무에 부딪치고 사과가 머리 위로 떨어지는 애니메이션이 실행돼요.

① 파일을 불러온 후 캐릭터가 발로 알을 차면 작은 유니콘으로 바뀌는 애니메이션을 만들어 보세요.

● 연습파일 : 아기유니콘.mani
◎ 완성파일 : 아기유니콘(완성).mani

② 파일을 불러온 후 캐릭터가 얼음을 밟고 뒤로 넘어지는 애니메이션을 만들어 보세요.

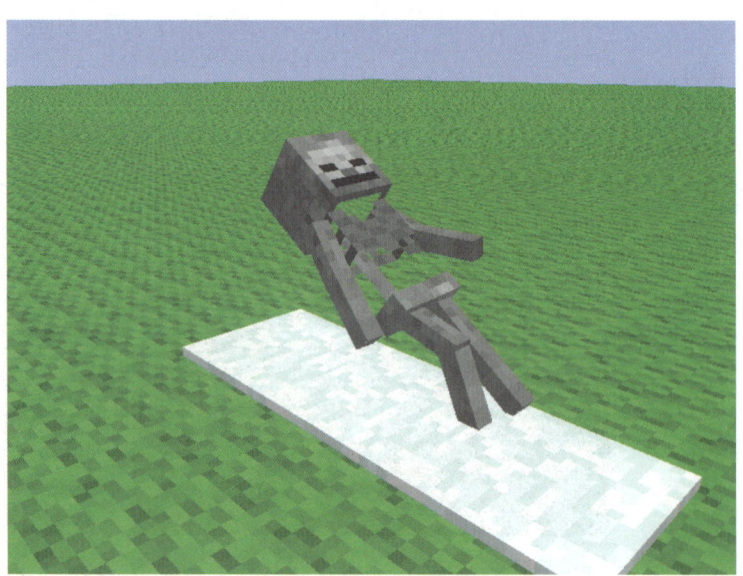

● 연습파일 : 얼음밟기.mani
◎ 완성파일 : 얼음밟기(완성).mani

10강 사막에도 거미가 있을까?

먹이를 찾아 모래사막 여기저기 돌아다니는 거미는 갑자기 사라졌다가 다시 나타나기도 하고 갑자기 커다랗게 몸집이 바뀌기도 해요. 거미가 사막을 돌아다니는 애니메이션을 만들어 보아요.

학습 목표
- Alpha를 이용하여 투명하게 만들어 봅니다.
- Scale을 이용하여 크기를 바꾸는 방법을 알아봅니다.
- 타임라인의 일부분을 보이지 않도록 설정합니다.

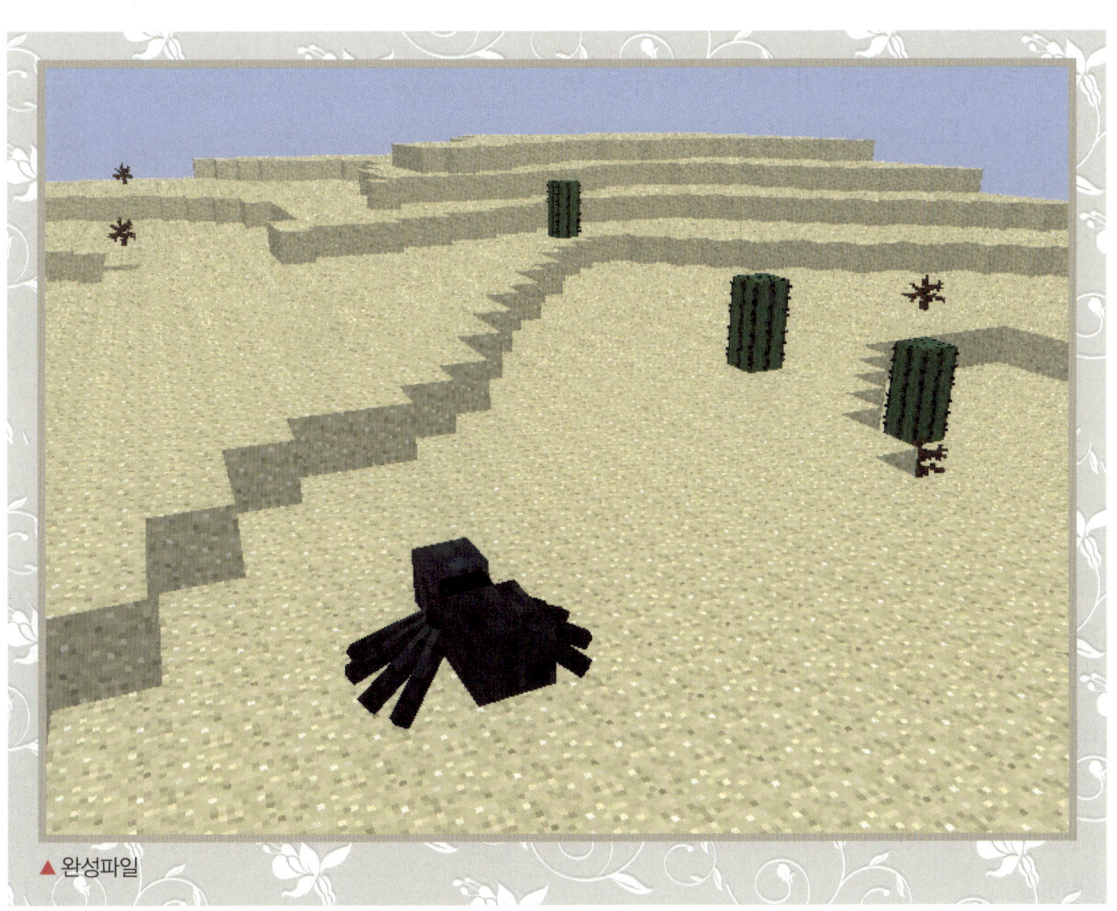

▲ 완성파일

01 거미가 나타났어요!

● 연습파일 : 사막거미.mani ◎ 완성파일 : 사막거미(완성).mani

사막에 거미가 나타나더니 어느새 몰래 숨어버렸어요. 이곳저곳에서 나타나는 거미를 만들어 보아요.

01 거미의 이동 경로를 만들기 위해 [Timeline]의 [Character 1]에 '10 키프레임', '20 키프레임', '30 키프레임'을 만들고 각 키프레임을 선택하여 거미가 이동하도록 회전시키고 위치를 이동해요.

> 키프레임은 같은 간격으로 만드는 것이 편리해요.

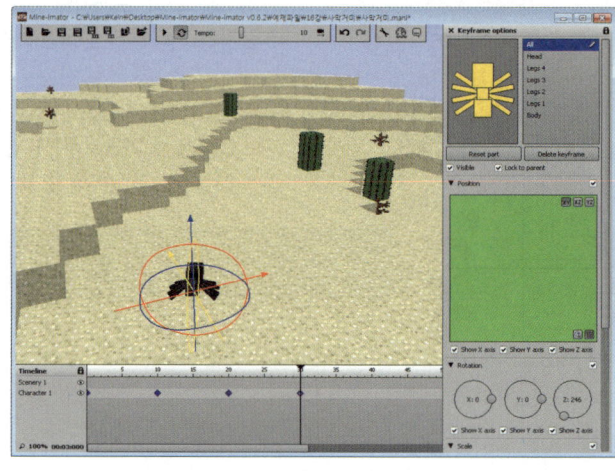

02 다른 부분으로 뒤돌아 이동하는 모습을 만들기 위해 [Timeline]의 [Character 1]에 '35 키프레임'을 만들고 파란색 원을 드래그하여 그림과 같이 거미를 회전시켜요.

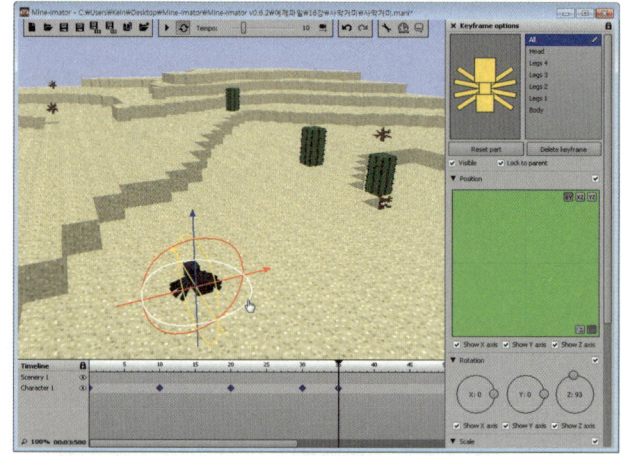

03 빠르게 도망가는 거미의 움직임을 만들기 위해 '45 키프레임'을 새로 만들고 그림과 같은 위치로 노란색 화살표를 드래그하여 거미를 이동시켜요. '45 키프레임' 위에서 마우스 오른쪽 버튼을 클릭한 후 [Create walking animation to next keyframe]을 선택해요.

> 다른 키프레임보다 짧게 구성하면 더 빠른 속도로 움직일 수 있어요.

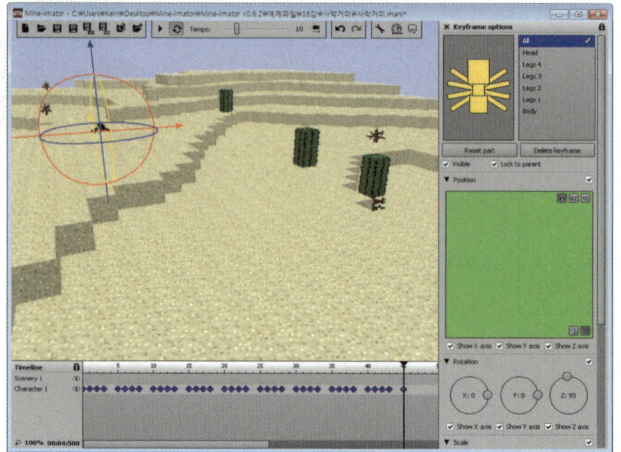

04 거미가 투명한 상태에서 나타나게 만들기 위해 [Timeline]의 [Character 1]에서 '1 키프레임'을 선택하고 [Keyframe options]의 [Alpha]에서 값을 '0%'로 설정해요.

거미의 위치를 먼저 설정한 후 투명하게 만들어요.

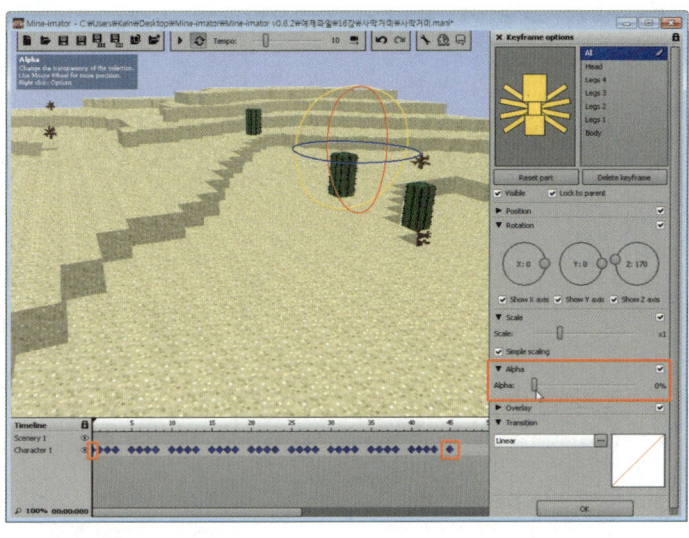

05 투명하게 사라지는 거미를 만들기 위해 '45 키프레임'을 선택하고 [Keyframe options]의 [Alpha]에서 값을 '0%'로 설정해요.

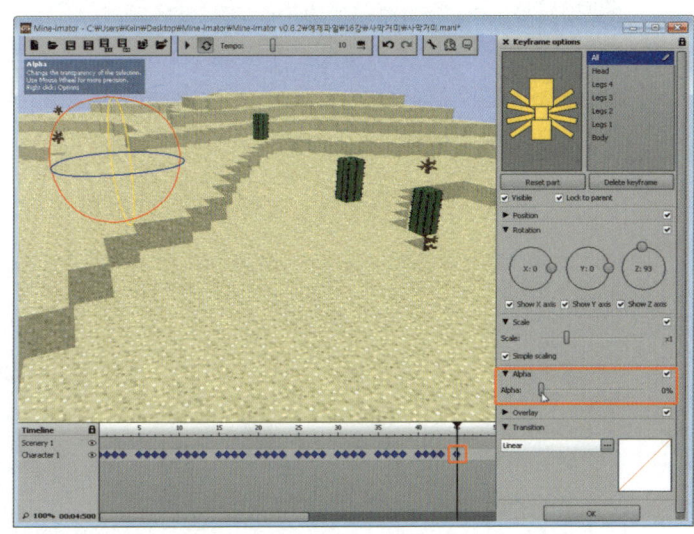

06 거미가 점점 커지도록 만들기 위해 '30 키프레임'을 선택하고 [Keyframe options]의 [Scale]에서 값을 'x4'로 설정해요.

캐릭터의 크기는 최대 400%까지 확대할 수 있어요.

07 다시 크기가 작아지도록 만들기 위해 '35 키프레임'을 선택하고 [Keyframe options]의 [Scale]에서 값을 'x2'로 설정해요.

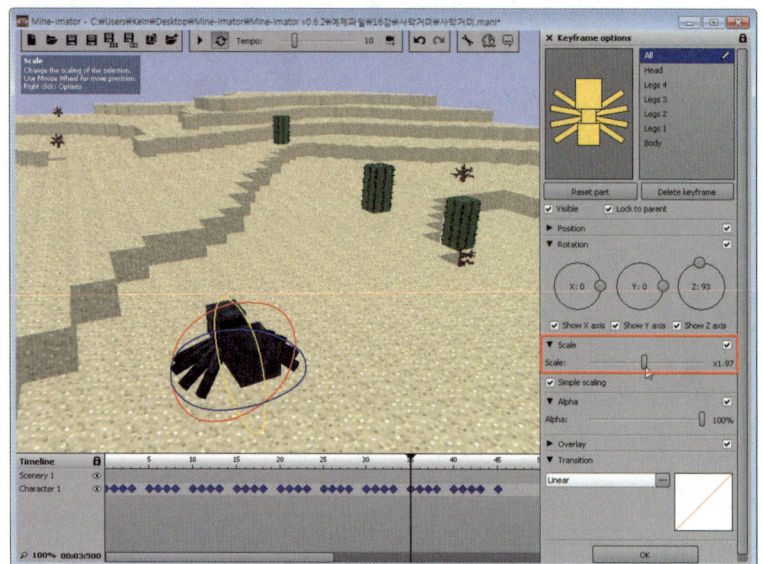

거리가 멀어질수록 거미가 작아지게 만들어요.

08 [Play animation(▶)]을 클릭하면 거미가 다가왔다가 도망가는 애니메이션이 실행돼요.

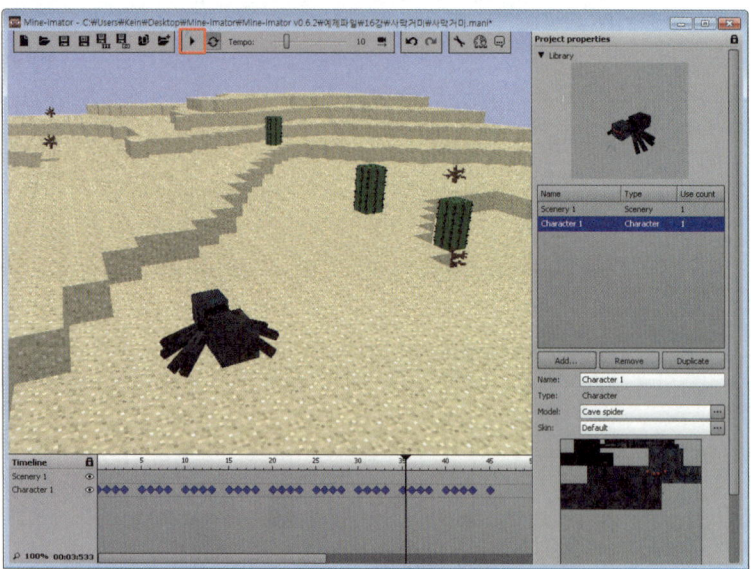

02 키프레임을 감춰요.

거미를 순간이동 시키려면 어떻게 해야 할까요? 설정된 키프레임을 실행되지 않도록 감추는 방법을 알아보아요.

01 키프레임을 감추기 위해 Ctrl 을 누른 상태에서 '10 키프레임' ~ '14 키프레임'을 클릭하여 선택해요.

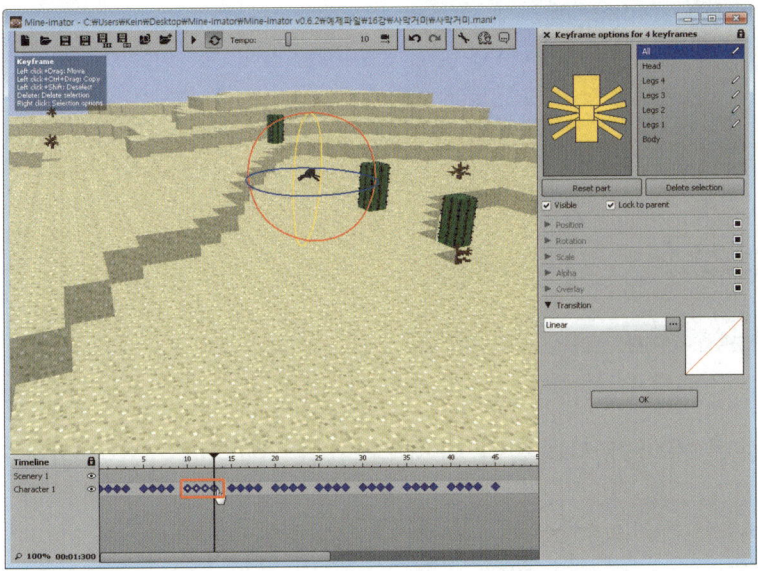

Ctrl 을 이용하여 필요한 키프레임만 선택할 수 있어요.

02 선택한 키프레임을 숨기기 위해 [Keyframe options]의 [Visible]을 해제해요.

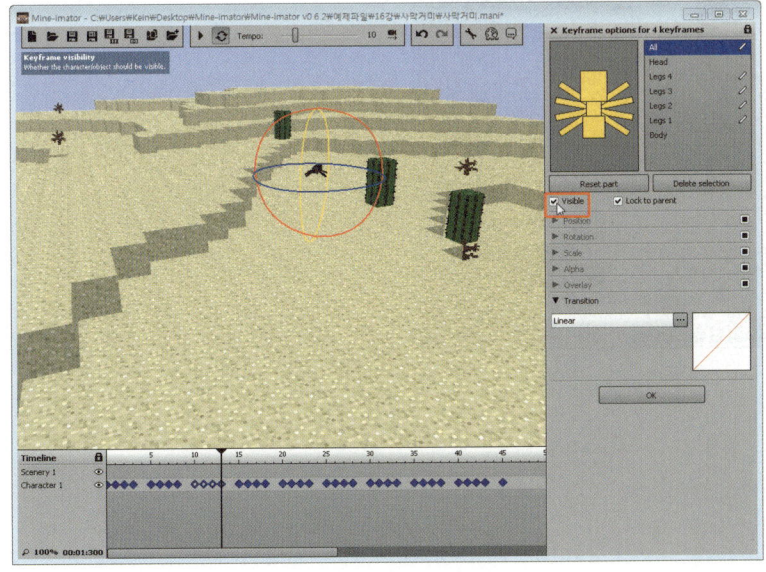

선택한 부분만 표시되지 않도록 만들 수 있어요.

03 그림과 같이 선택한 키프레임 부분이 회색으로 만들어지고 화면에서 거미가 감춰진 것을 확인할 수 있어요.

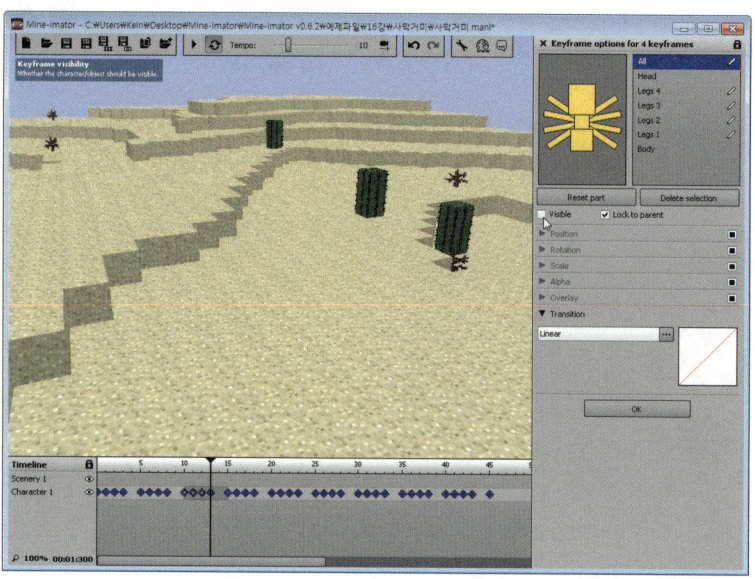

04 [Play animation(▶)]을 클릭하면 거미가 사라졌다 다시 나타나는 애니메이션이 실행돼요.

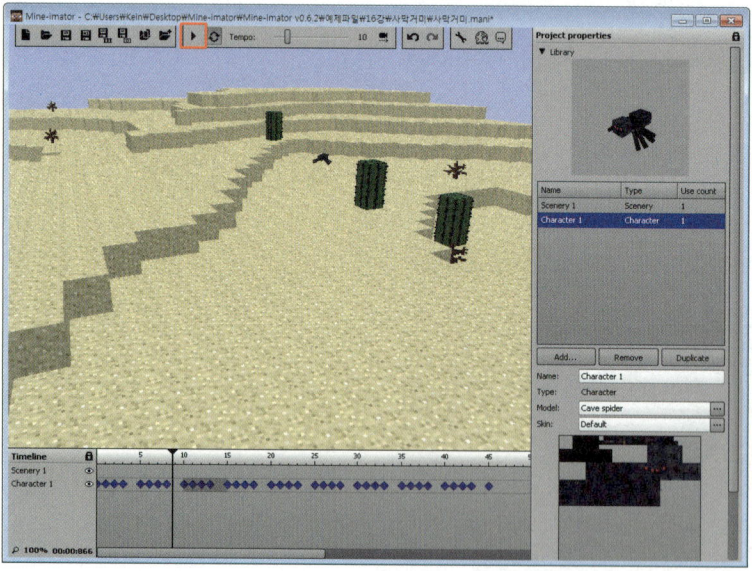

혼자서 뚝딱뚝딱

① 파일을 불러온 후 거미가 선인장 사이로 움직이는 애니메이션을 만들어 보세요.

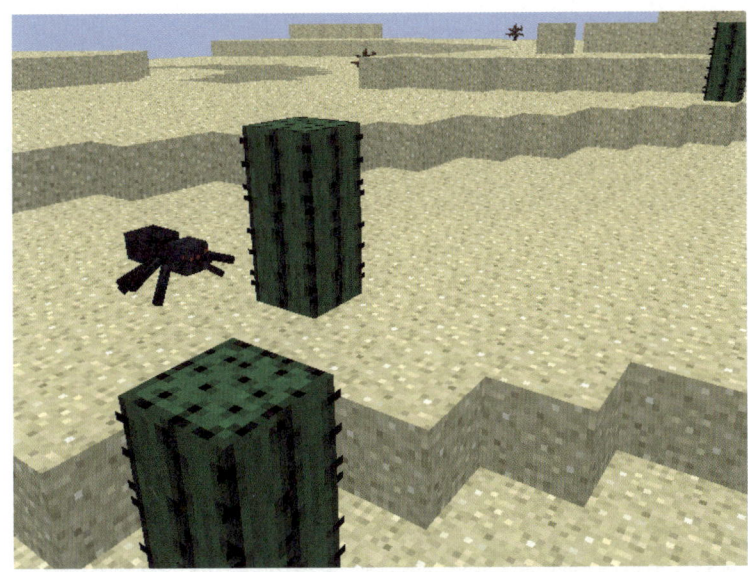

● 연습파일 : 선인장.mani
◎ 완성파일 : 선인장(완성).mani

② 파일을 불러온 후 상자에 부딪치면 거미가 커지는 애니메이션을 만들어 보세요.

● 연습파일 : 마법상자.mani
◎ 완성파일 : 마법상자(완성).mani

해골들의 신나는 댄스파티

11강

어두운 밤이 되면 좀비들과 해골들의 신나는 댄스파티가 열려요. 이리저리 몸을 흔들며 춤을 추는 모습을 만들고 번쩍이는 조명을 설치해 재미있는 애니메이션을 만들어 보아요.

학습 목표
- 춤추는 모습의 애니메이션을 만들어 봅니다.
- 조명을 설치하고 설정하는 방법을 알아봅니다.

▲ 완성파일

01 신나는 춤을 춰요!

● 연습파일 : 댄스파티.mani   ◎ 완성파일 : 댄스파티(완성).mani

밤이 되면 좀비와 해골이 신나는 댄스파티를 열어요. 재미있는 춤을 추도록 애니메이션을 만들어 보아요.

01 [Timeline]의 [Zombie]에 '1 키프레임'을 삽입해요. [Keyframe options]에서 [Left arm], [Right arm]을 클릭하여 그림과 같이 움직이는 동작을 완성한 후 [OK] 버튼을 클릭해요.

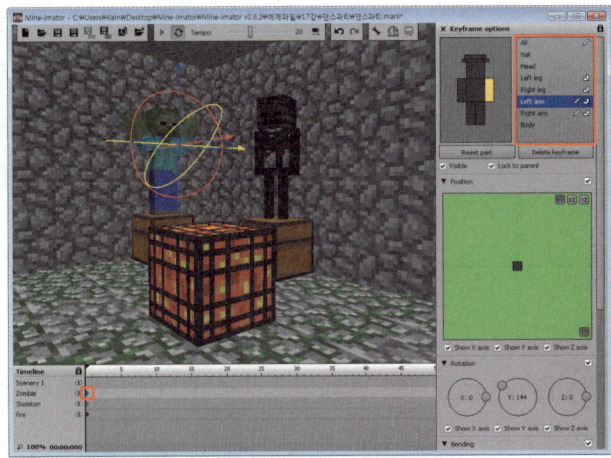

02 [Timeline]의 [Zombie]에 '5 키프레임'을 삽입해요. [Keyframe options]에서 [Left arm], [Right arm]을 클릭하여 그림과 같이 회전시킨 후 [OK] 버튼을 클릭해요.

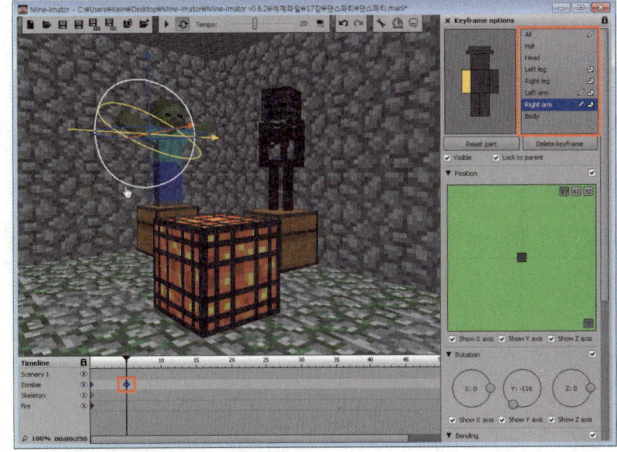

손을 좌우로 흔드는 모습을 만들 수 있어요.

03 '1 키프레임'을 선택한 후 Ctrl 을 누른 상태에서 '10 키프레임'으로 드래그하여 복사해요. '1 키프레임'에 적용된 캐릭터의 동작이 그대로 복사돼요.

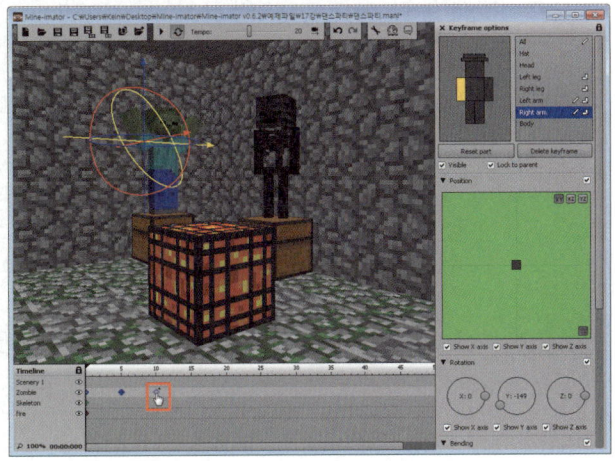

반복되는 똑같은 포즈는 키프레임을 복사해서 만들면 편리해요.

04 [Timeline]의 [Skeleton]에 '1 키프레임'을 삽입해요. [Keyframe options]에서 [Right arm], [Body]를 클릭하여 그림과 같이 회전시킨 후 [OK] 버튼을 클릭해요.

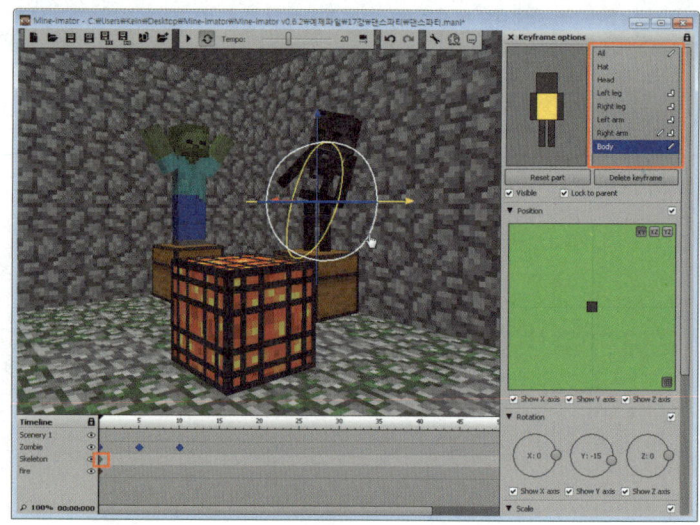

05 [Timeline]의 [Skeleton]에 '5 키프레임'을 삽입해요. [Keyframe options]에서 [Left arm], [Body]를 클릭하여 그림과 같이 회전시킨 후 [OK] 버튼을 클릭해요.

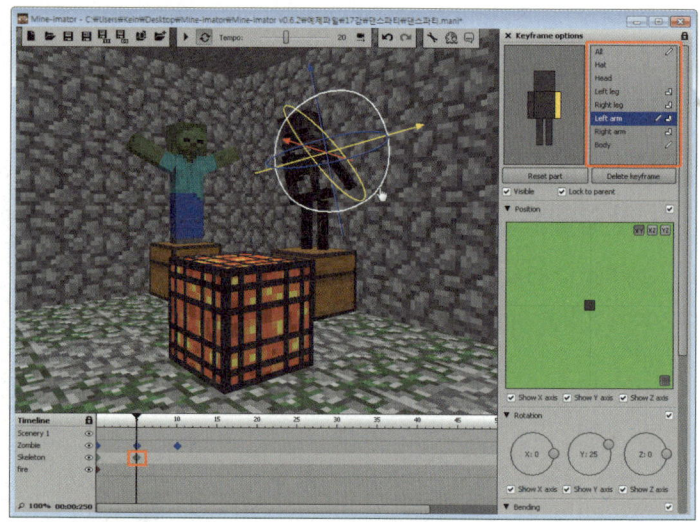

팔과 몸이 흔들거리는 애니메이션을 만들 수 있어요.

06 '1 키프레임'을 선택한 후 Ctrl 을 누른 상태에서 '10 키프레임'으로 드래그하여 복사해요. '1 키프레임'에 적용된 캐릭터의 동작이 그대로 복사돼요.

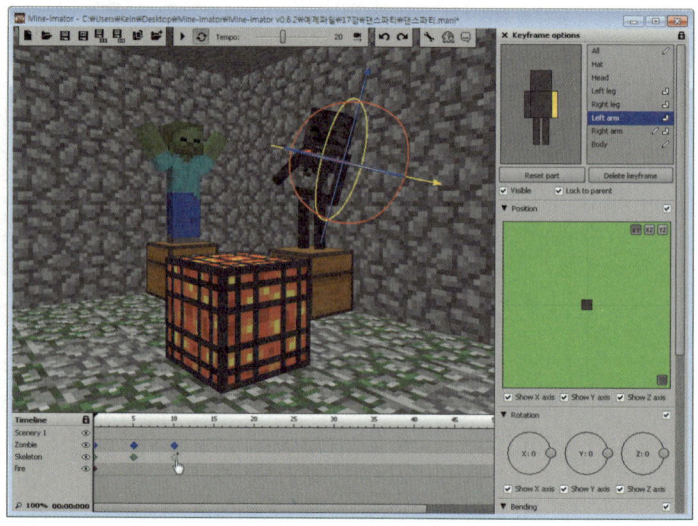

07 배경을 어둡게 만들기 위해 [Project properties]의 [Background]에서 원을 드래그하여 배경을 어둡게 설정해요.

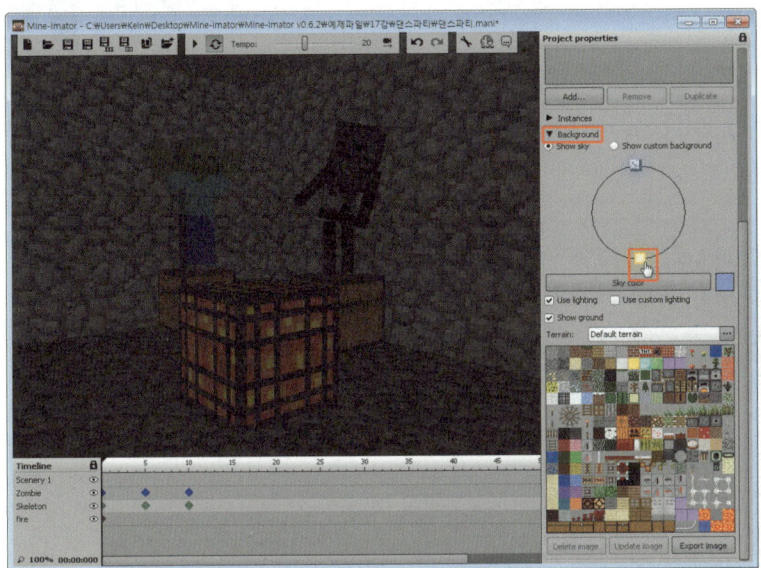

모든 애니메이션의 배경이 어두워지게 설정돼요.

08 [Play animation(▶)]을 클릭하면 좀비와 해골이 신나게 춤을 추는 애니메이션이 반복해서 실행돼요.

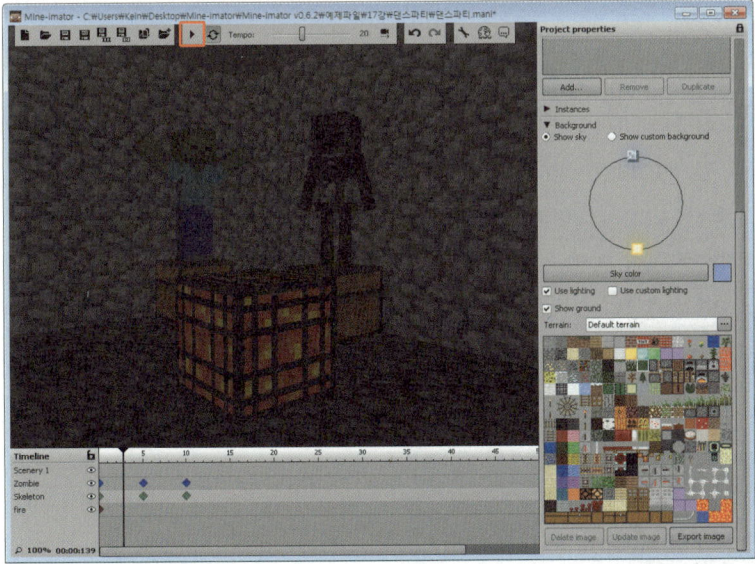

반짝거리는 조명을 설치해요.

어두운 밤에 반짝거리는 조명이 있다면 더 신나는 춤을 출 수 있겠죠? 조명을 설치하는 방법을 알아보아요.

01 조명을 설치하기 위해 [Project properties]의 [Add]를 클릭한 후 표시되는 목록에서 [Light]를 선택해요.

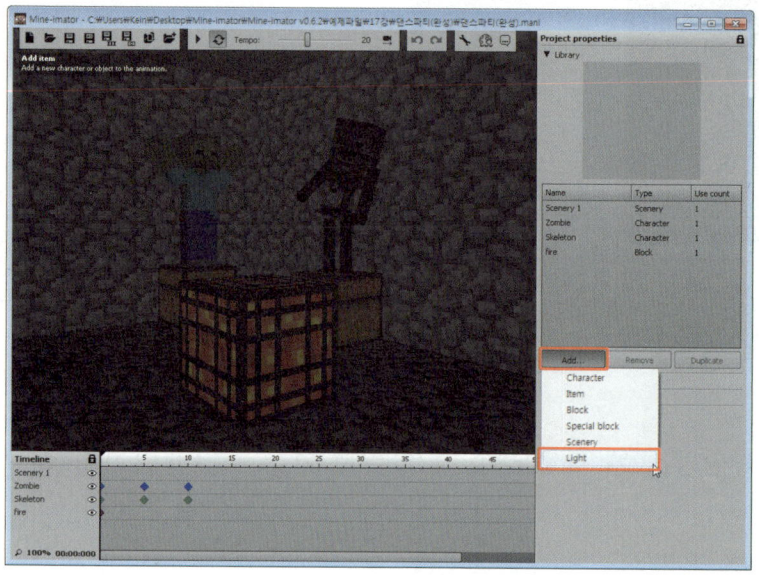

[Light]를 이용하면 각 키프레임의 조명을 다르게 설정할 수 있어요.

02 [Timeline]에 [Light 1]이 새로 만들어지면 '1 키프레임'을 만들어요. [Keyframe options]의 [Light]에서 [Strength]는 '50%', [Color]는 '노랑'으로 설정하고 [OK] 단추를 클릭해요.

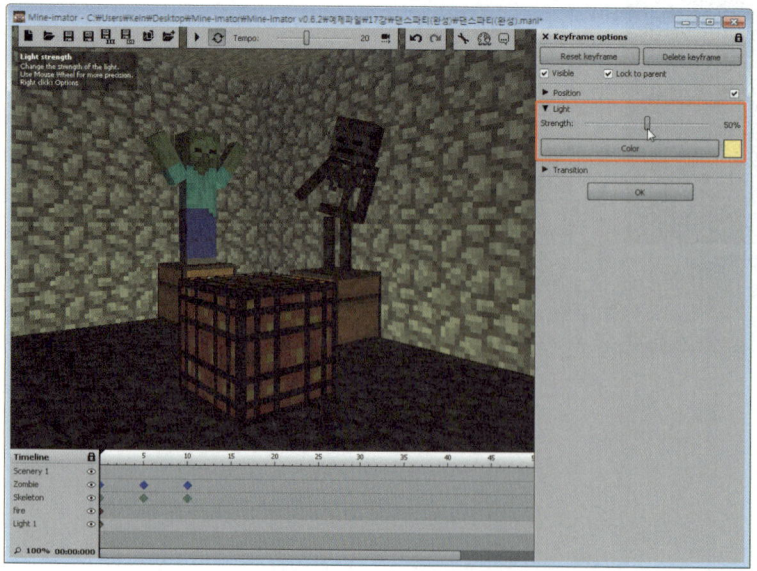

03 같은 방법을 이용하여 [Timeline]의 [Light 1]에 '4 키프레임', '7 키프레임'을 만들고 [Keyframe options]의 [Light]에서 조명의 색을 각각 '빨강', '파랑'으로 설정해요.

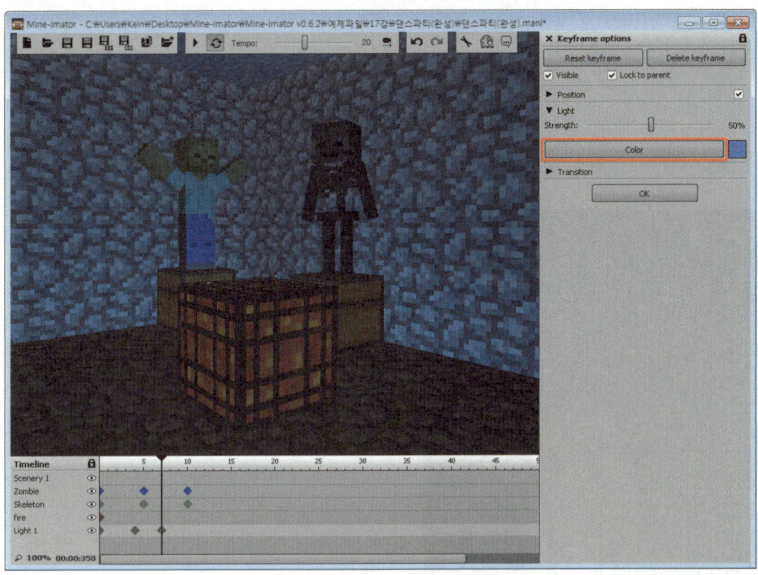

04 [Play animation(▶)]을 클릭하면 조명이 반짝이면서 신나게 춤을 추는 애니메이션이 반복해서 실행돼요.

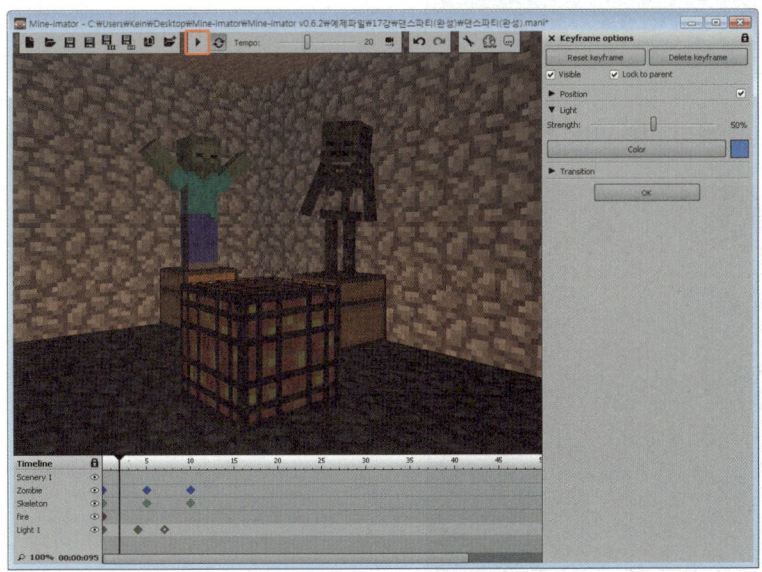

키프레임의 간격을 짧게 만들면 조명이 반짝이는 속도가 빨라져요.

① 파일을 불러온 후 다른 캐릭터를 삽입해서 재미있는 춤을 추도록 설정해 보세요.

● 연습파일 : 댄스댄스.mani
◎ 완성파일 : 댄스댄스(완성).mani

② 파일을 불러온 후 노랑과 빨강 조명이 깜빡이도록 만들고 조명색에 따라 캐릭터가 바뀌도록 만들어 보세요.

● 연습파일 : 반짝조명.mani
◎ 완성파일 : 반짝조명(완성).mani

12강 보물 상자를 열었더니 바뀌었어요!

방 안에 숨겨져 있는 이상한 상자가 있어요. 보물이 들어있을까 살짝 열어 봤더니 아무 것도 들어있지 않고 캐릭터가 해골로 바뀌고 말았어요. 캐릭터가 바뀌는 애니메이션을 만들어 보아요.

학습 목표
- 상자와 같은 블록을 사용하는 방법을 알아봅니다.
- 캐릭터가 바뀌게 하는 애니메이션을 만들어 봅니다.

▲ 완성파일

● 연습파일 : 보물상자.mani   ◎ 완성파일 : 보물상자(완성).mani

보물 상자를 열어볼까요?

해적선 안에서 발견한 보물 상자를 열면 어떤 일이 생길까요? 재미있는 애니메이션으로 만들어 보아요.

01 파일을 불러온 후 상자를 여는 모습을 만들기 위해 [Timeline]의 [human]에 '5 키프레임'을 새로 만들어요. [keyframe options]에서 캐릭터의 각 부분을 선택하고 회전시켜 허리를 굽히고 양 팔로 상자 뚜껑을 잡는 모습을 만들어요.

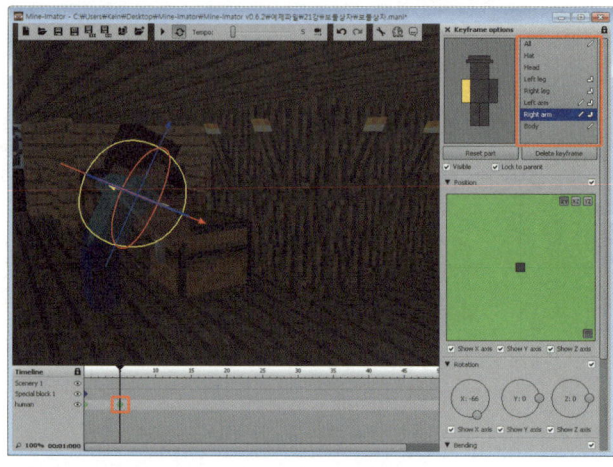

> 캐릭터의 양 손이 상자 뚜껑에 닿도록 만들어요.

02 캐릭터가 다시 원래대로 일어나는 모습을 만들기 위해 '1 키프레임'을 Ctrl 을 누른 상태에서 드래그하여 '10 키프레임'으로 복사해요.

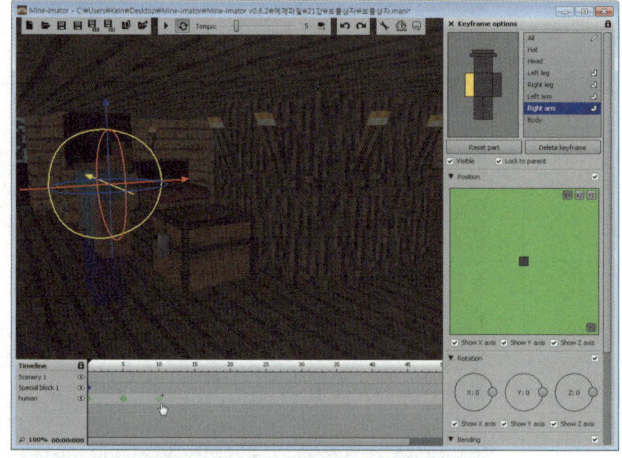

03 상자 뚜껑이 열리는 모습을 만들기 위해 [Timeline]의 [Special block 1]에 '5 키프레임'과 '10 키프레임'을 만들어요. '10 키프레임'을 선택하고 [Keyframe options]에서 'Top'을 선택해요. 상자 뚜껑 부분에 원이 표시되면 노란색 원을 드래그하여 상자를 열어요.

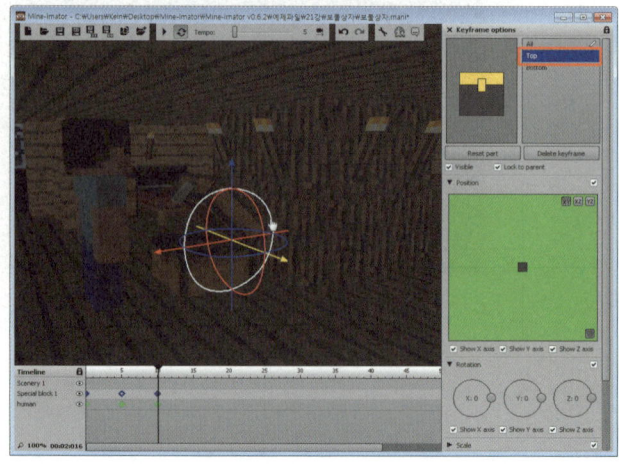

04 캐릭터가 사라지는 모습을 만들기 위해 [Timeline]의 [hunam]에 '15 키프레임'을 만들고 [Keyframe options]에서 [Alpha]의 값을 '0%'로 만들어요.

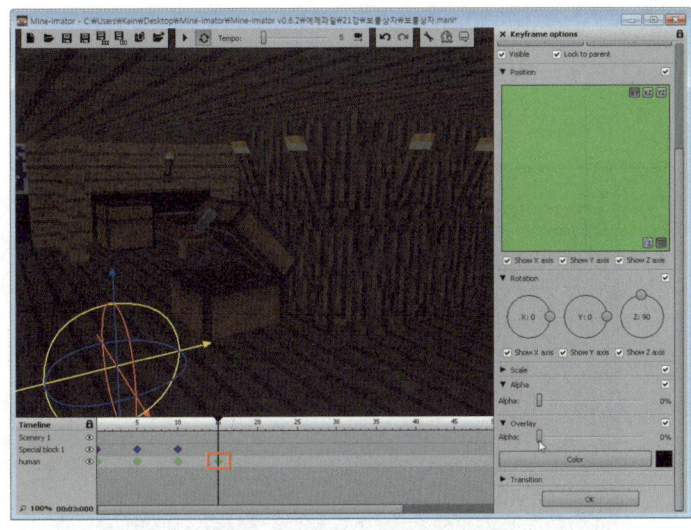

05 다른 캐릭터로 바뀌는 애니메이션을 만들기 위해 [Project properties]의 [Library]에서 'human'을 선택한 후 [Duplicate]를 클릭해요.

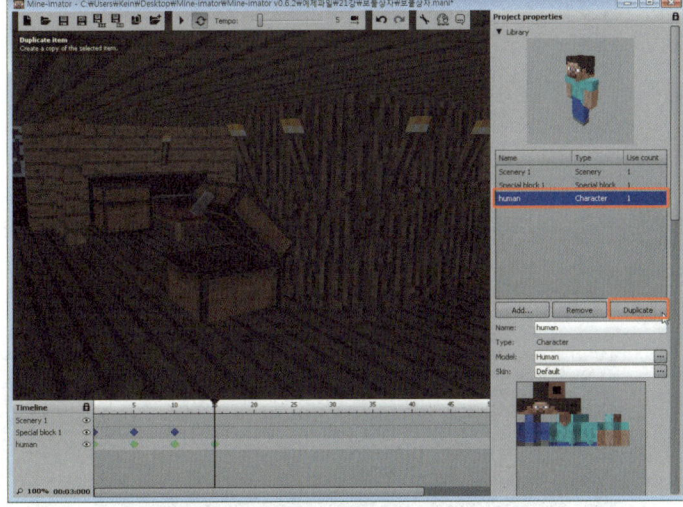

같은 위치에 다른 캐릭터를 표시하기 위해 복제해요.

06 선택한 캐릭터가 복사되면 [Model]의 목록 버튼을 클릭하고 'Skeleton'을 선택해요. 캐릭터가 해골로 바뀌어요.

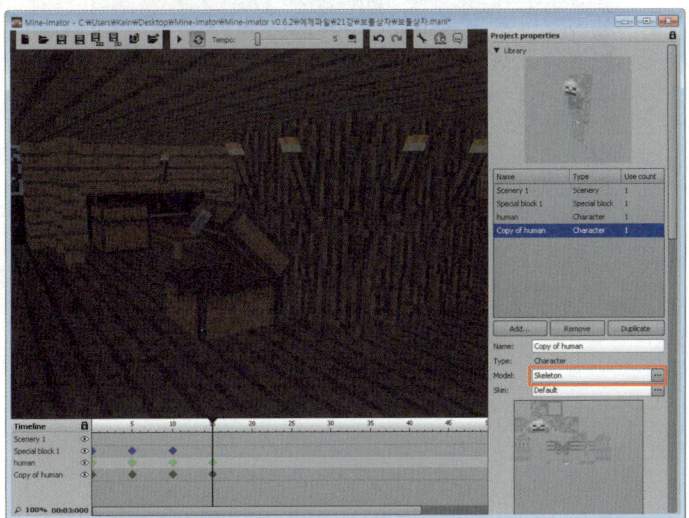

07 복사한 [Timeline]에 '16 키프레임'을 만들고 [Alpha]의 값을 '100%'로 설정해요. '15 키프레임' 이전의 동작은 보이지 않도록 그림과 같이 키프레임을 선택한 후 [Keyframe options]의 [Visible]을 해제해요.

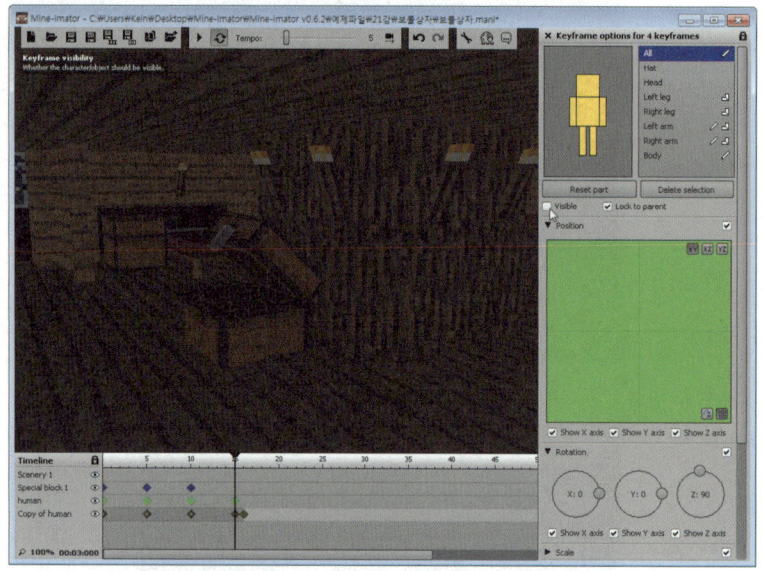

08 [Play animation(▶)]을 클릭하면 캐릭터가 상자를 열고 해골로 바뀌는 애니메이션을 보여줘요.

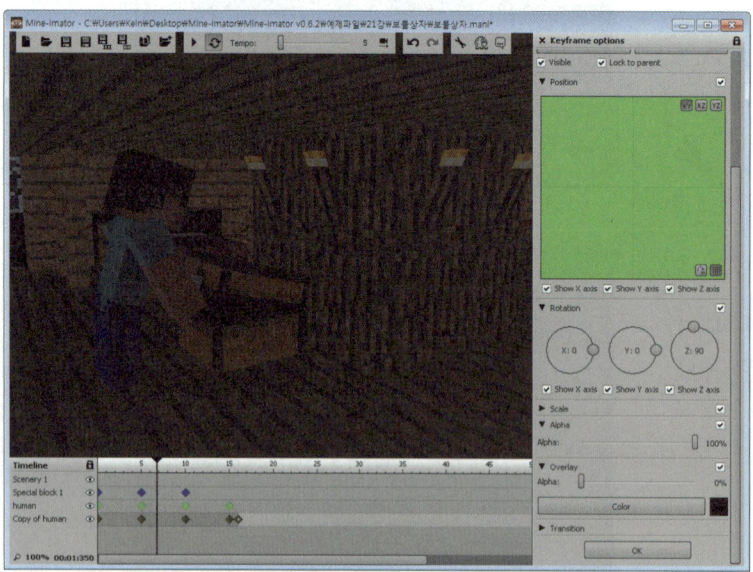

 **반짝거리는 조명을 설치해요.**

캐릭터가 해골로 바뀌면 번쩍거리는 조명이 표시되도록 만들어요. 조명을 설치하는 방법을 알아보아요.

01 어두운 배경에 조명을 설치하기 위해 [Project properties]의 [Library]에서 [Add]를 클릭한 후 표시되는 목록에서 [Light]를 선택해요.

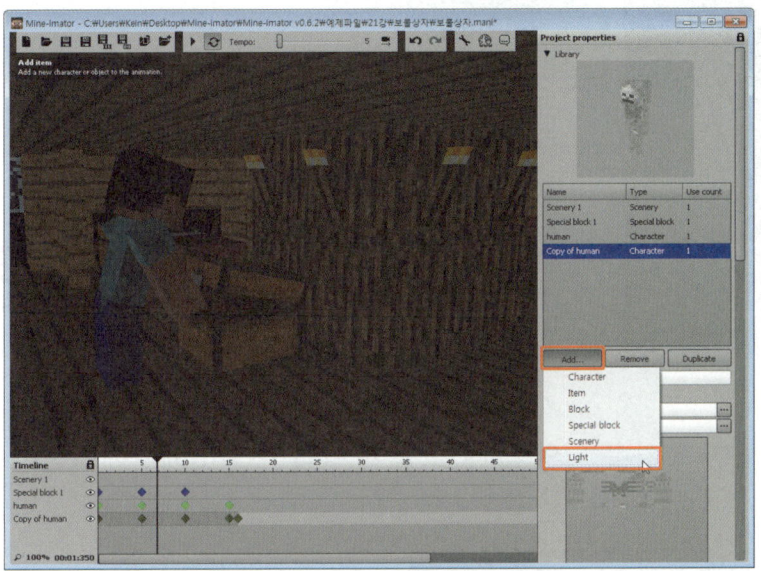

 조명 효과를 높이기 위해 전체 조명을 어둡게 만들어요.

02 새로운 [Light 1] 타임라인이 표시되면 '11 키프레임'을 만들고 [Keyframe options]의 [Light]에서 [Strength]는 '100%', [Color]는 '노랑'으로 설정해요.

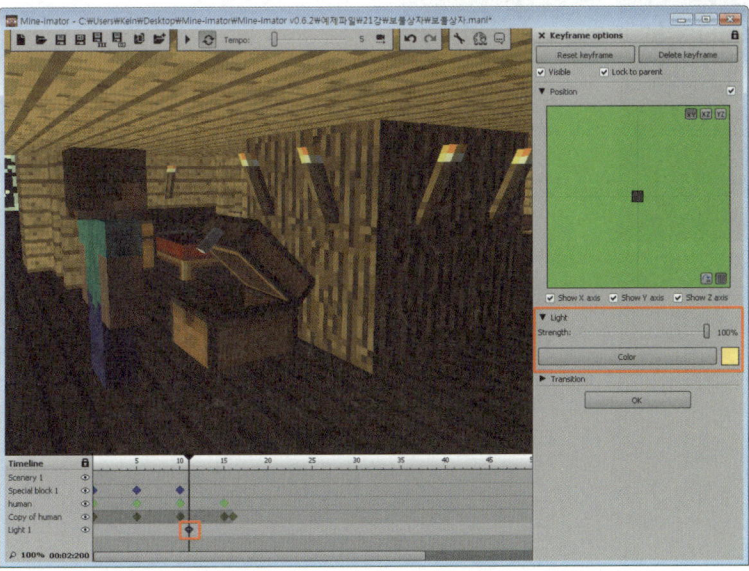

03 같은 방법을 이용하여 타임라인에 '12 키프레임', '13 키프레임'을 만들고 조명 색을 각각 '빨강', '파랑'으로 설정해요. 조명이 적용된 키프레임을 다른 부분으로 복사해요.

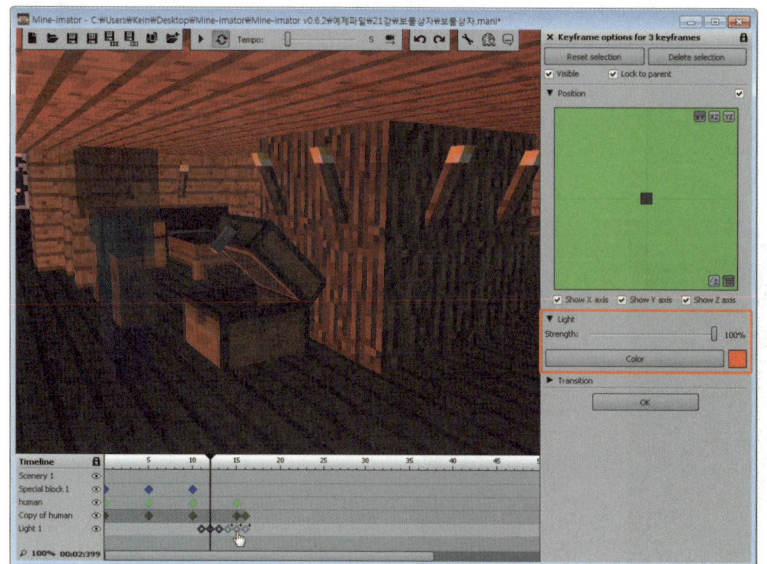

키프레임의 간격을 짧게하면 반짝거리는 속도가 높아져요.

04 [Play animation(▶)]을 클릭하면 상자를 열었을 때 조명이 반짝이면서 애니메이션이 반복해서 실행돼요.

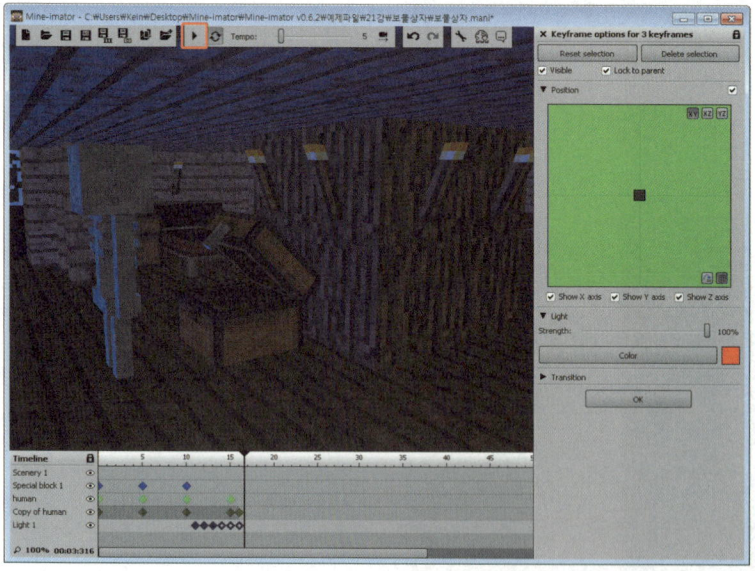

혼자서 뚝딱뚝딱

① 파일을 불러온 후 상자를 열면 박쥐가 튀어나오게 만들어 보세요.

● 연습파일 : 박쥐상자.mani
◎ 완성파일 : 박쥐상자(완성).mani

② 파일을 불러온 후 캐릭터가 상자를 열었다가 다시 닫도록 만들어 보세요.

● 연습파일 : 상자여닫기.mani
◎ 완성파일 : 상자여닫기(완성).mani

13강 마을에 좀비가 나타났어요!

해가 저물고 어두운 밤이 되었더니 들판에서 좀비가 나타났어요. 마을을 향해 몸을 흔들며 천천히 다가오는 좀비들을 애니메이션으로 만들어 보아요.

학습 목표
- 캐릭터의 위치를 조절하여 애니메이션을 만들어 봅니다.
- 캐릭터의 속성을 복사하는 방법을 알아봅니다.

▲ 완성파일

01 밤이 되면 좀비가 나타나요.

○ 연습파일 : 좀비마을.mani ◎ 완성파일 : 좀비마을(완성).mani

어두운 밤마다 조명이 꺼지면 좀비가 나타나요. 땅속에서 좀비가 나타나는 애니메이션을 만들어 보아요.

01 화면의 조명을 어둡게 만들기 위해 [Timeline]의 [Light 1]에 '10 키프레임'을 삽입한 후 [Keyframe options]의 [Light]에서 [Strength]를 '30%'로 설정해요.

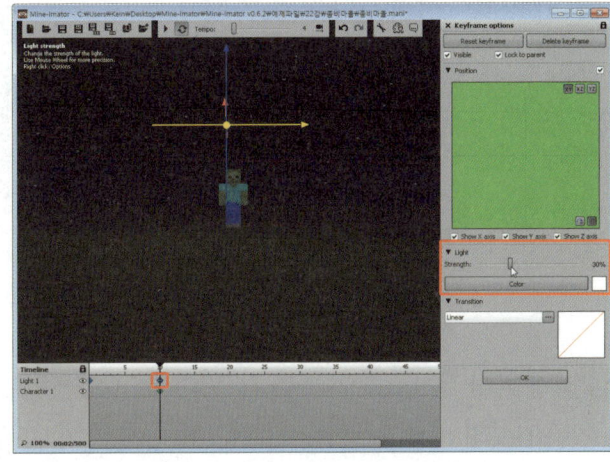

02 좀비가 삽입된 [Timeline]의 [Character 1]에 '10 키프레임'을 선택해요. [Keyframe options]에서 'Left arm'을 선택한 후 [Rotation]의 X좌표 위에서 마우스 오른쪽 버튼을 클릭하고 [Set to -90]을 선택해요.

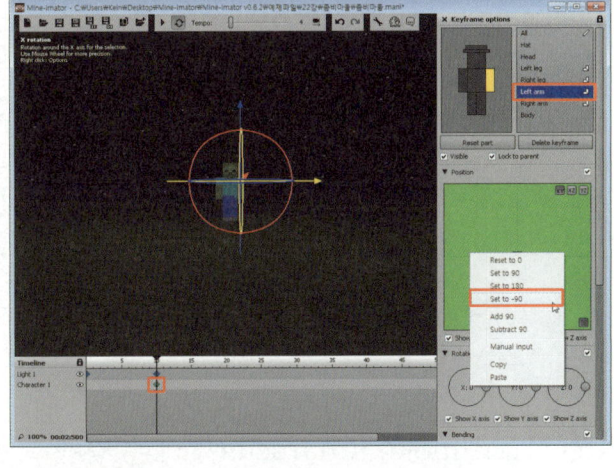

> 좌표의 메뉴를 이용하여 자주 사용하는 각도를 선택할 수 있어요.

03 왼쪽 팔에 설정된 속성을 복사하기 위해 화면의 노란색 원 위에서 마우스 오른쪽 버튼을 클릭한 후 [Copy rotation]을 선택해요.

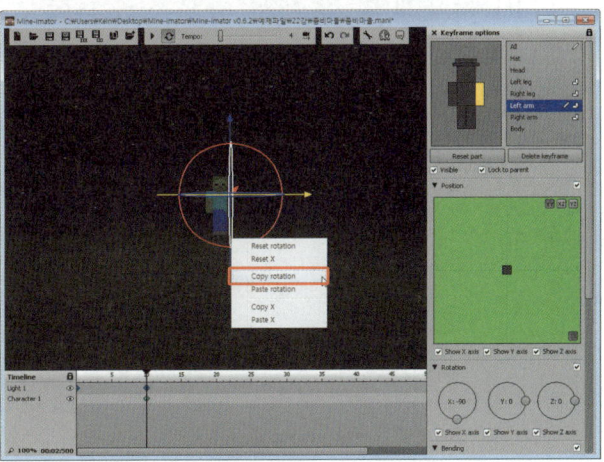

> 왼쪽 팔의 회전 각도 정보를 복사해 다른 부분에 적용할 수 있어요.

04 [Keyframe options]에서 'Right arm'을 선택해요. 복사한 속성을 붙여넣기 위해 화면의 노란색 원 위에서 마우스 오른쪽 버튼을 클릭한 후 [paste rotation]을 선택해요.

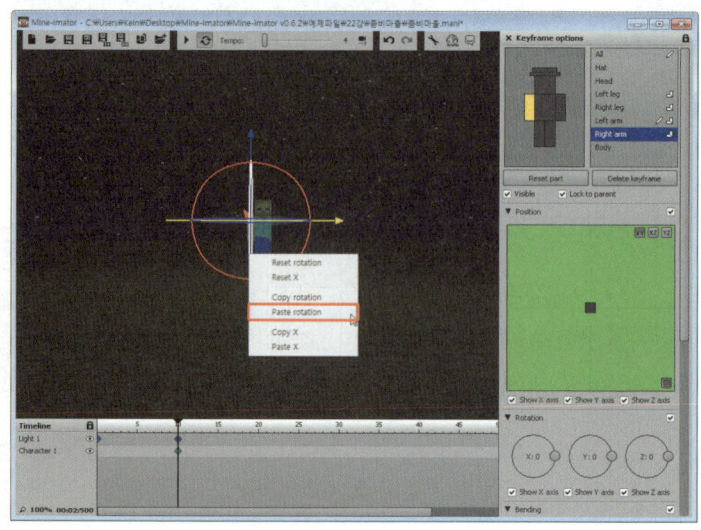

05 좀비를 앞으로 이동하기 위해 [Timeline]의 [Character 1]에 '30 키프레임'을 만들고 그림과 같이 화살표를 드래그하여 앞 쪽으로 위치를 이동해요.

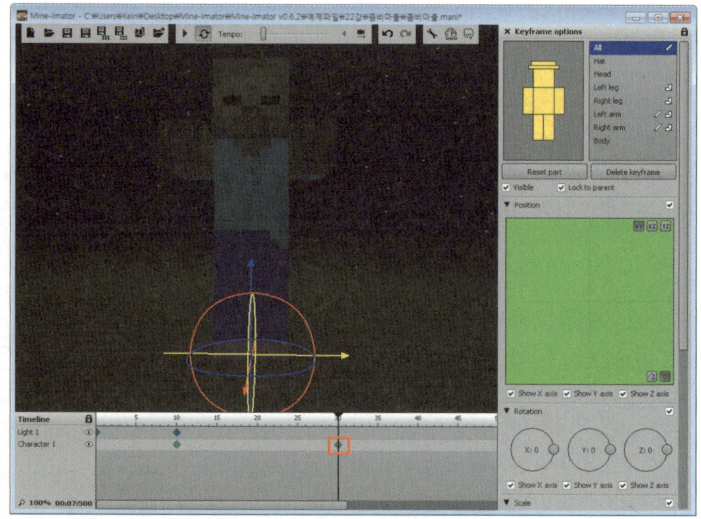

06 [Timeline]의 [Character 1]에 삽입된 '10 키프레임' 위에서 마우스 오른쪽 버튼을 클릭한 후 [Create walking animation to next keyframe]을 선택해요.

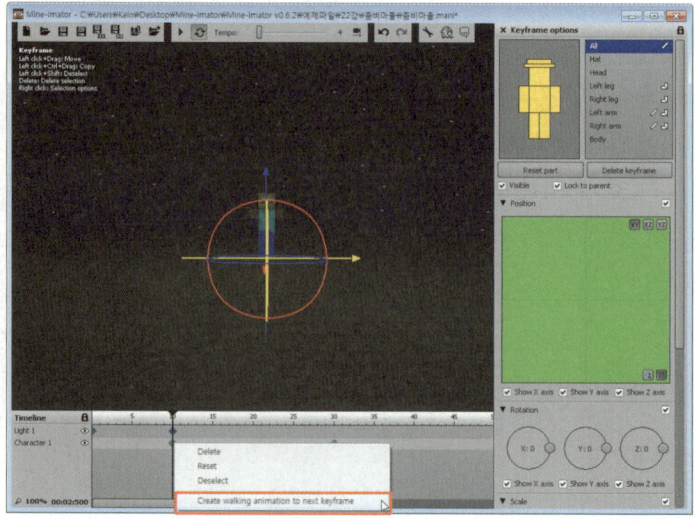

07 조명이 어두워지면 좀비가 나타나도록 만들기 위해 [Timeline]의 [Character 1]에 '8 키프레임'을 만들고 파란색 화살표를 아래로 드래그하여 캐릭터를 바닥 아래로 숨겨요.

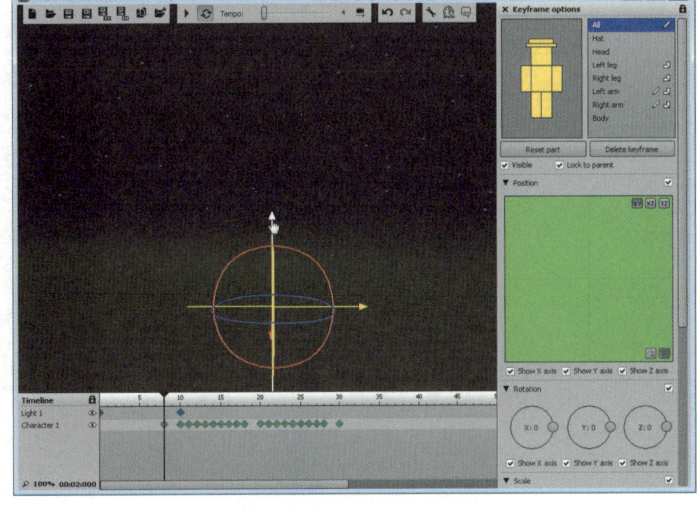

머리 부분이 보이지 않도록 바닥 아래로 숨겨요.

08 좀비에 설정된 속성을 복사하기 위해 [Project properties]에서 'Character 1'을 선택한 후 [Duplicate]를 클릭해요.

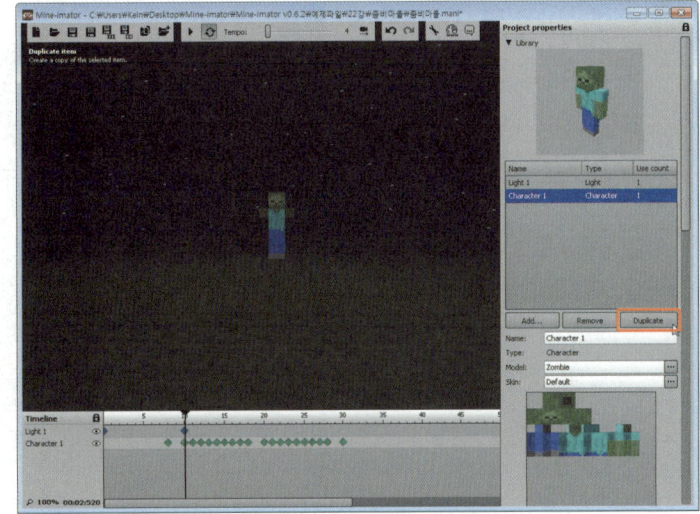

09 새로운 좀비가 복사되면 [Timeline]의 '8 키프레임', '10 키프레임', '30 키프레임'을 선택하고 노란색 화살표를 이동하여 그림과 같이 위치를 바꿔요.

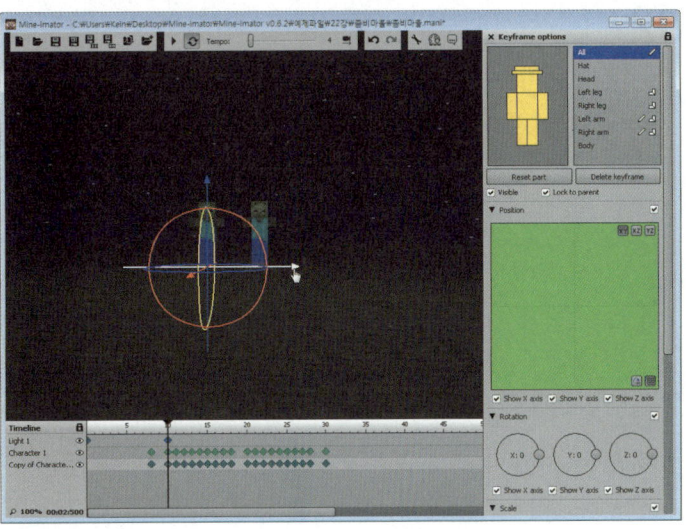

처음 삽입한 캐릭터의 좌우에 배치되도록 위치를 조절해요.

10 좀비의 움직임을 각각 다르게 만들기 위해 모든 키프레임을 드래그하여 선택한 후 그림과 같이 오른쪽으로 키프레임을 이동해요.

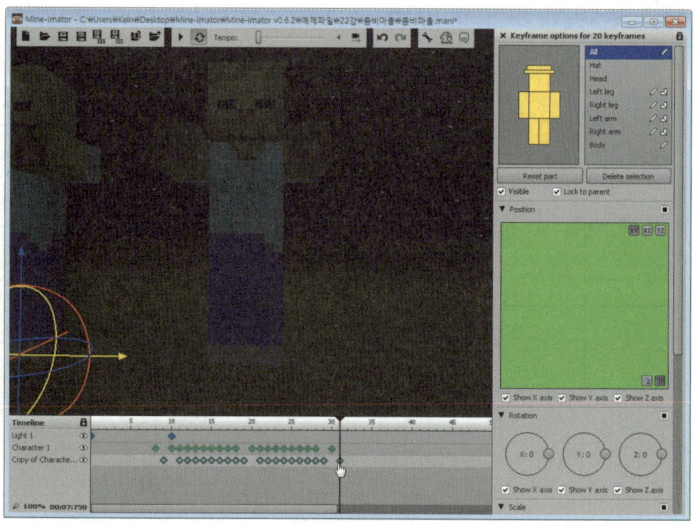

키프레임을 조금씩 움직여 움직임이 다르게 만들어요.

11 같은 방법을 이용하여 좀비 캐릭터를 복사하고 그림과 같이 위치를 바꿔 배치해요.

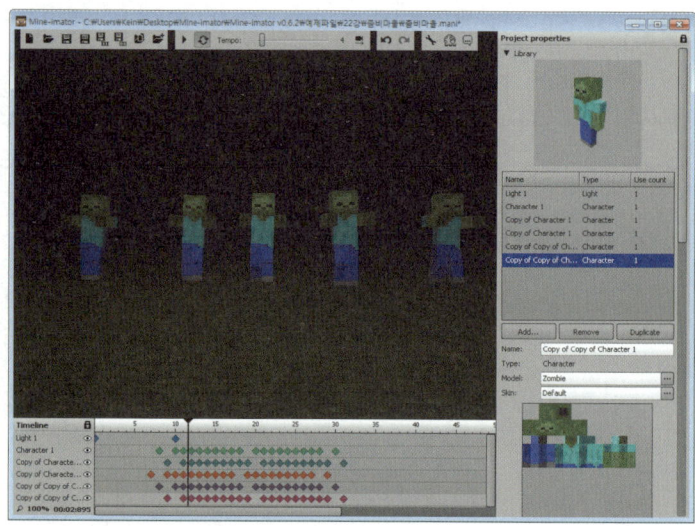

12 [Play animation(▶)]을 클릭하면 조명이 어두워지고 좀비가 나타나는 애니메이션이 실행돼요.

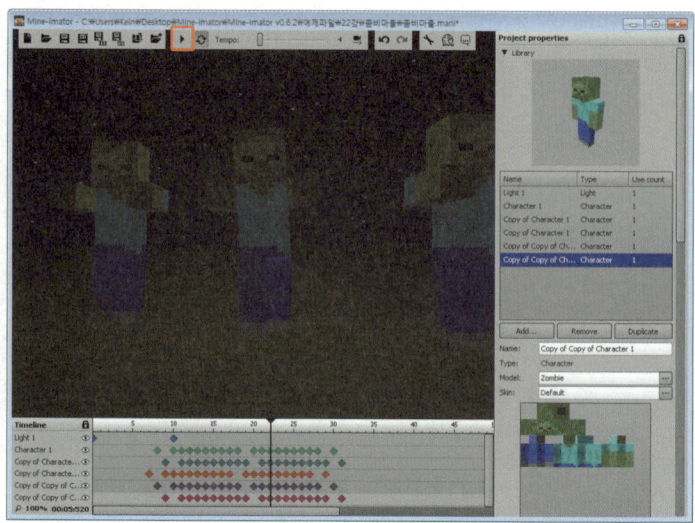

혼자서 뚝딱뚝딱

1 파일을 불러온 후 좀비가 나타나기 전부터 박쥐가 날아다니도록 만들어 보세요.

● 연습파일 : 좀비박쥐.mani
◎ 완성파일 : 좀비박쥐(완성).mani

2 파일을 불러온 후 좀비를 다른 캐릭터로 바꾸고 조명을 반짝거리게 만들어 보세요.

● 연습파일 : 좀비바꾸기.mani
◎ 완성파일 : 좀비바꾸기(완성).mani

14강 동물들이 변신하는 요술 상자

마을을 걸어 다니던 소가 이상한 상자 속에 들어갔더니 다른 동물로 바뀌어 버렸어요. 캐릭터들이 바뀌는 애니메이션을 만들어 보아요.

학습 목표
- 캐릭터의 크기를 바꾸는 효과를 사용해 봅니다.
- 다른 캐릭터로 바뀌는 것 같은 애니메이션을 만들어 봅니다.

▲ 완성파일

01 동물들이 바뀌었어요!

● 연습파일 : 요술상자.mani   ◎ 완성파일 : 요술상자(완성).mani

요술 상자에 어슬렁거리며 들어간 동물이 바뀌어 버렸어요! 다른 동물로 바뀌는 애니메이션을 만들어 보아요.

01 파일을 불러온 후 '소' 캐릭터가 삽입된 [Timeline]의 [Character1]에 '15 키프레임'을 만들고 그림과 같이 화살표를 드래그하여 요술 상자 앞까지 캐릭터의 위치를 이동해요.

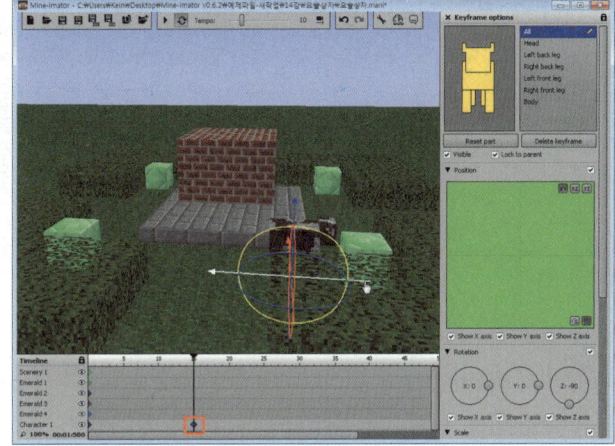

캐릭터가 상자와 겹쳐지지 않도록 만들어요.

02 [Timeline]에 '20 키프레임'을 만들고 요술 상자 속으로 들어갈 크기가 되도록 만들기 위해 [Keyframe options]의 [Scale]에서 슬라이더를 드래그해 캐릭터의 크기를 축소하고 이동해요.

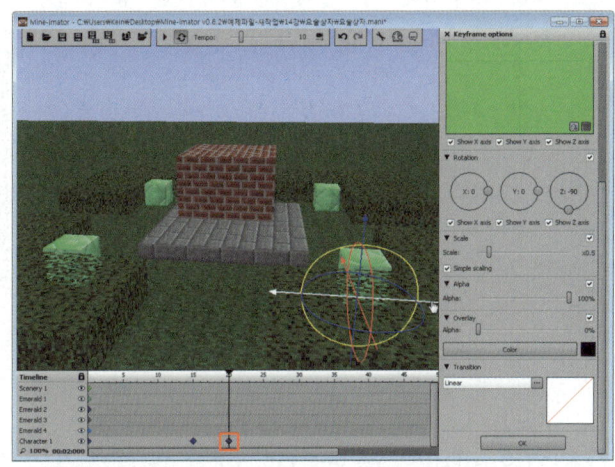

축소한 캐릭터가 상자 밖으로 삐져나가지 않도록 주의해요.

03 모든 키프레임 위에서 각각 마우스 오른쪽 버튼을 클릭한 후 [Create walking animation to next keyframe]을 선택해요. 애니메이션을 실행하면 캐릭터가 상자 속으로 작아지면서 들어가는 모습을 볼 수 있어요.

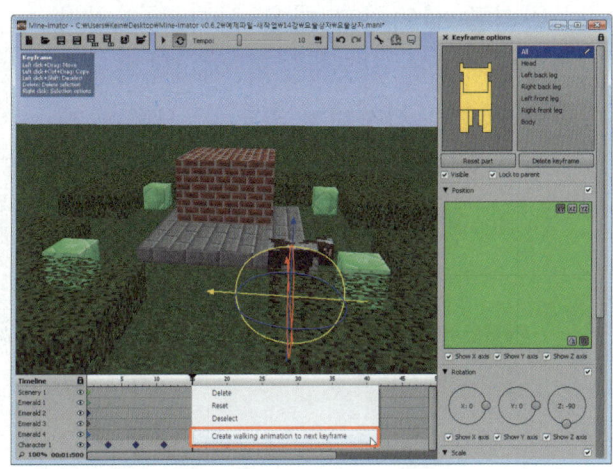

04 다음 이동할 상자가 표시되도록 화면을 드래그하여 보기 방향을 바꾼 후 [Project properties]의 [Add]를 클릭한 후 [Character]를 선택해요. 새로운 캐릭터가 삽입되면 [Model]에서 'Pig'를 선택하고 그림과 같이 배치해요.

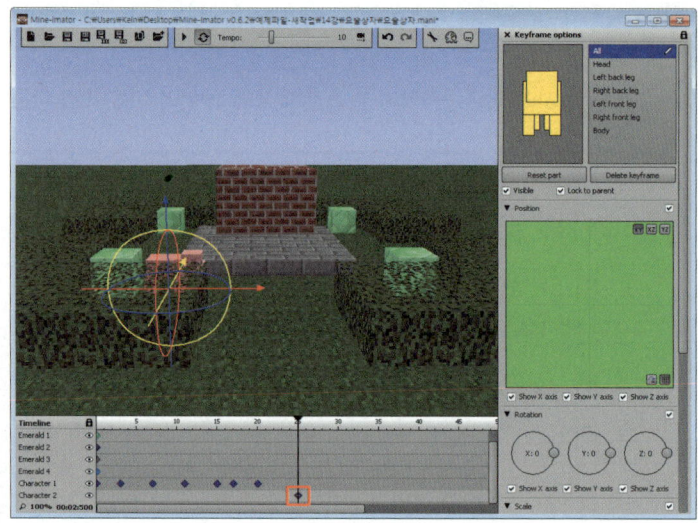

05 [Timeline]의 [Character 2]에 키프레임을 만들어 캐릭터가 다음 번 상자로 작아지면서 이동하게 되는 애니메이션을 만들어요.

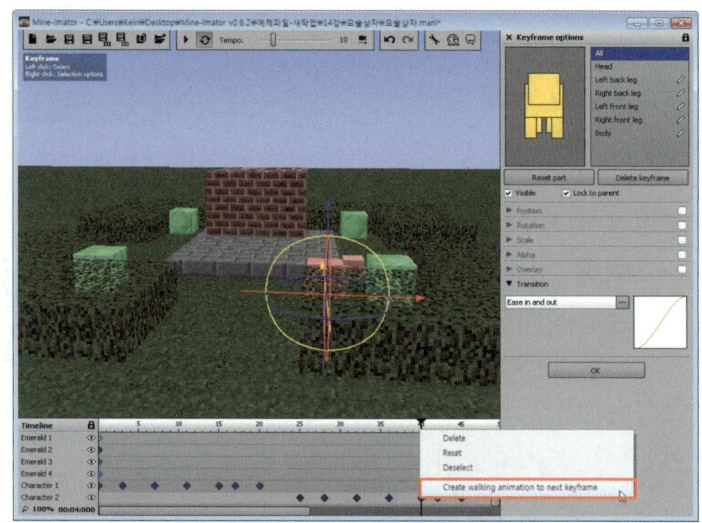

06 같은 방법을 이용하여 '양', '늑대' 캐릭터를 삽입하고 다음 상자로 크기가 작아지면서 이동하도록 애니메이션을 완성해요. 시작되기 바로 앞 부분에 새로운 키프레임을 만든 후 [Keyframe options]의 [Visible]을 해제해요.

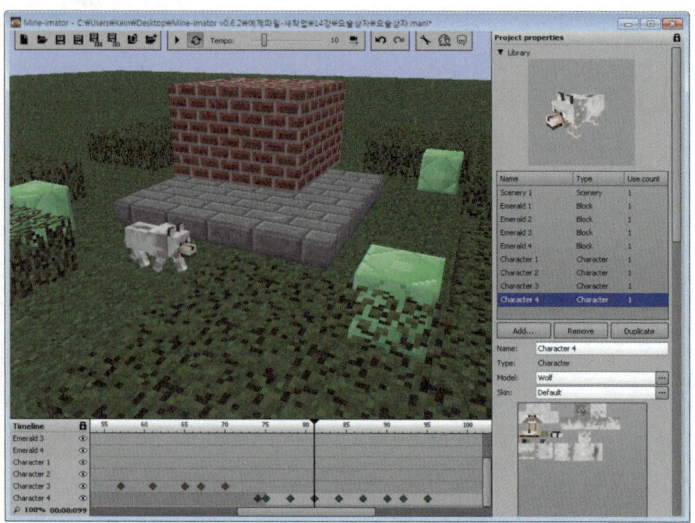

재미있는 캐릭터를 직접 선택해서 바꿔도 좋아요.

02 번쩍이는 요술 상자를 만들어요.

요술상자 속에서 다른 동물로 바뀌면 상자가 번쩍거리도록 만들 수 있어요. 조명 효과를 이용하여 번쩍이는 상자를 만들어 보아요.

01 화면에 조명을 삽입하기 위해 [Project properties]의 [Add]를 클릭한 후 표시되는 목록에서 [Light]를 선택해요.

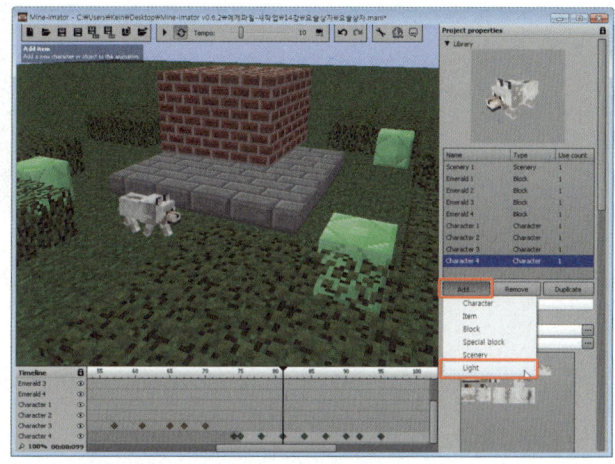

02 [Timeline]의 [Light 1]에 '20 키프레임'을 만들고 [Keyframe options]에서 [Light]의 값을 '100%', 색을 '노랑'으로 설정해요.

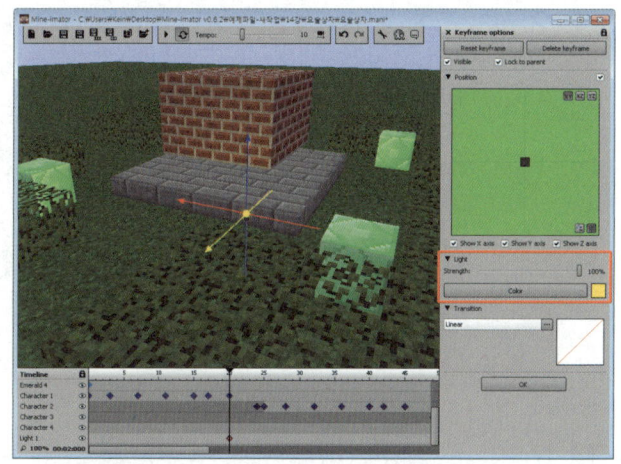

03 조명이 설정된 키프레임 앞에 적용된 조명 효과를 없애기 위해 [Timeline]의 [Light 1]에 '19 키프레임'을 만들고 [Keyframe options]에서 [Light]의 값을 '0%'로 설정해요.

> 19번 키프레임을 만들지 않으면 상자가 계속 밝게 표시돼요.

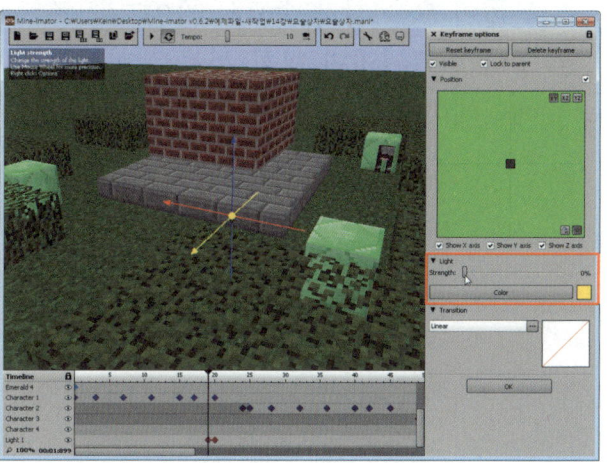

04 조명 효과를 잠깐만 적용하기 위해 [Timeline]의 [Light 1]에 '21 키프레임'을 만들고 [Keyframe options]에서 [Light]의 값을 '0%'로 설정해요.

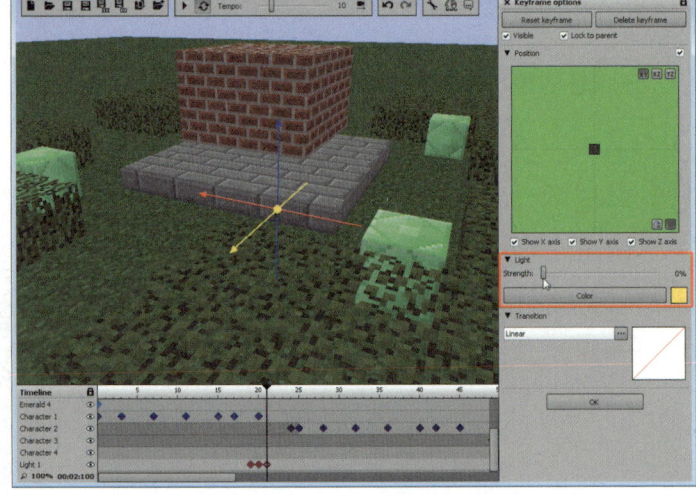

상자가 잠깐 밝게 만들어지는 효과예요.

05 Ctrl 을 누른 상태에서 조명이 설정된 '69 키프레임', '70 키프레임', '71 키프레임'을 선택하고 동물들이 상자에 들어가는 부분에 그림과 같이 드래그하여 조명 효과를 적용해요.

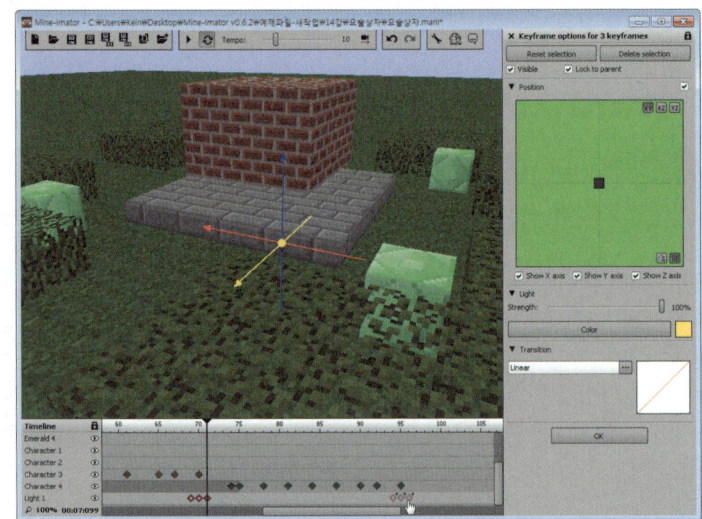

06 [Play animation(▶)]을 클릭하면 동물들이 요술 상자 속으로 들어가고 조명이 번쩍거리면 다른 동물로 바뀌는 애니메이션이 실행돼요.

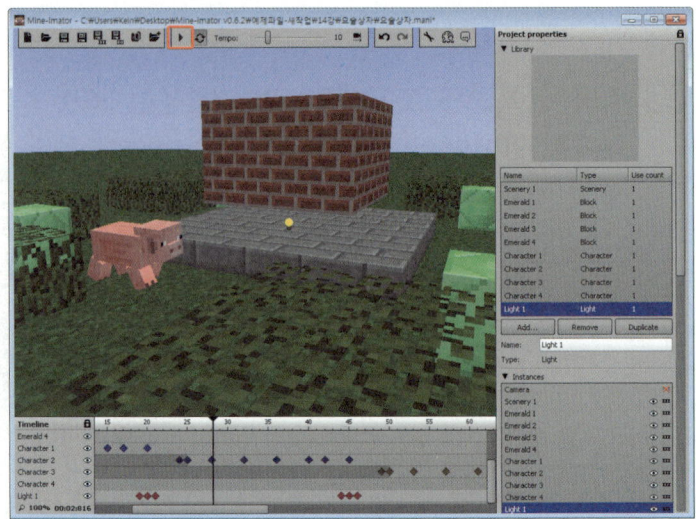

102

① 파일을 불러온 후 마녀 캐릭터를 삽입하고 변신하는 동물들을 계속 바라보도록 만들어 보세요.

● 연습파일 : 마녀.mani
◉ 완성파일 : 마녀(완성).mani

② 파일을 불러온 후 다른 캐릭터를 바꾸고 카메라 타임라인을 이용하여 촬영하고 저장해 보세요.

● 연습파일 : 동물변신.mani
◉ 완성파일 : 동물변신(완성).mani

15강 콩나무가 하늘 높이 자랐어요!

집 앞에 떨어진 씨앗을 발견한 스티브, 전설로 전해져 오던 마법 샘물에 씨앗을 심었더니 콩나무가 자라났어요. 스티브가 콩나무를 타고 하늘로 올라가는 애니메이션을 만들어 보아요.

학습 목표
- 스티브가 콩을 심는 애니메이션을 만들어 봅니다.
- 심은 콩이 무럭무럭 자라는 애니메이션을 만들어 봅니다.
- 콩나무를 타고 하늘로 올라가는 애니메이션을 만들어 봅니다.

▲ 완성파일

01

● 연습파일 : 콩나무.mani   ◎ 완성파일 : 콩나무(완성).mani

집 앞에서 이상한 씨앗을 주웠어요.

집 앞에 떨어진 이상한 씨앗을 발견한 스티브. 과연 이 씨앗은 무엇일까요? 씨앗을 줍는 모습을 애니메이션으로 만들어 보아요.

01 스티브가 씨앗을 줍는 모습을 만들기 위해 [Timeline]의 [Stive]에서 '3 키프레임'을 만든 후 [keyframe options]에서 'Left arm', 'Right arm', [Body]를 선택하고 [Rotation]을 이용하여 스티브가 허리를 숙이고 씨앗을 줍도록 만들어요. '6 키프레임'을 만든 후 다시 원래대로 일어서도록 만들어요.

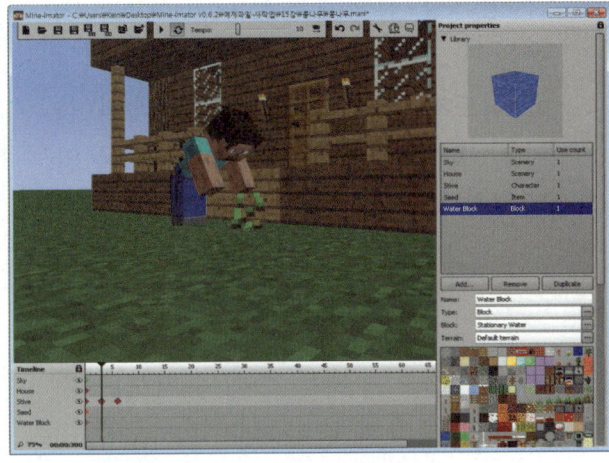

02 씨앗을 줍고 나면 씨앗이 사라지도록 만들어요. 스티브의 손이 닿은 다음 사라지도록 [Timeline]의 [Seed]에서 '4 키프레임'을 만들고 [keyframe options]에서 [Visible]을 해제해요.

> [Visible]을 이용하여 캐릭터나 아이템을 숨길 수 있어요.

03 씨앗을 심으러 가기 위해 집 뒤편에 있는 신비한 샘물까지 걸어가는 애니메이션을 만들어요. [Timeline]의 [Stive]에서 집의 뒤로 이동하는 키프레임을 만들고 스티브의 위치를 이동시켜요. 키프레임 위에서 마우스 오른쪽 버튼을 클릭한 후 [Create walking animation to next keyframe]을 선택해 자연스럽게 걸어 이동하는 애니메이션을 만들어요.

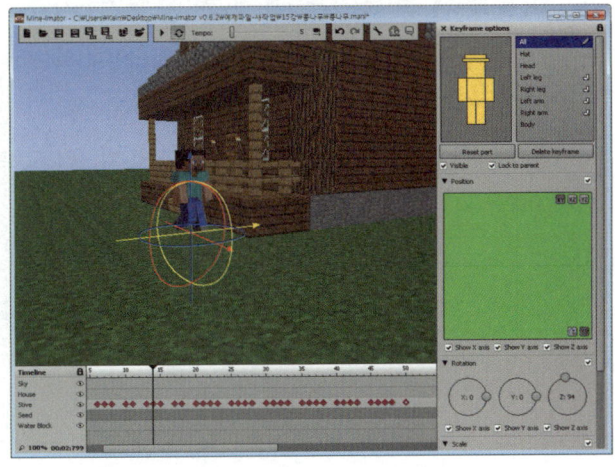

04 신비한 샘물에 씨앗을 심기 위해 [Timeline]의 [Stive]에서 '52 키프레임'을 만든 후 [keyframe options]에서 'Left arm', 'Right arm', 'Body'를 선택하고 [Rotation]을 이용하여 스티브가 허리를 숙이고 씨앗을 심도록 만들어요. '54 키프레임'을 만든 후 다시 원래대로 일어서도록 만들어요.

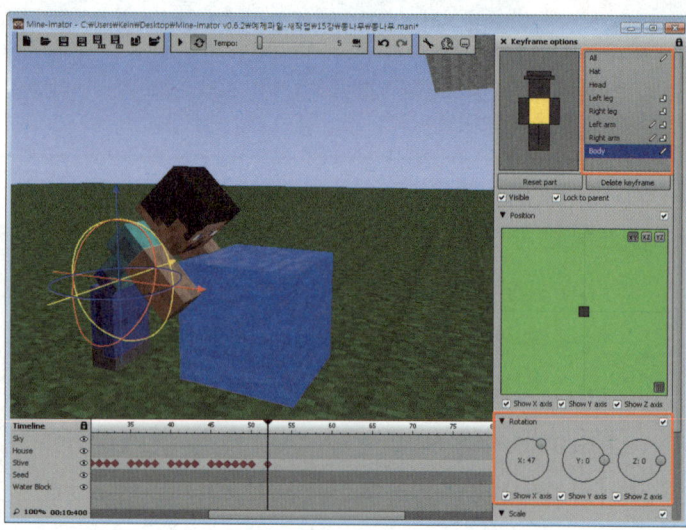

05 씨앗을 심으면 샘물 속에 숨겨졌던 씨앗이 나타나게 만들어요. [Timeline]의 [Seed]에서 '53 키프레임'을 만들고 샘물 속에 씨앗 아이템을 가져다 놓아요. 다른 부분에서는 표시되지 않도록 만들기 위해 '52 키프레임'과 '57 키프레임'을 만든 후 [keyframe options]에서 [Visible]을 해제해요.

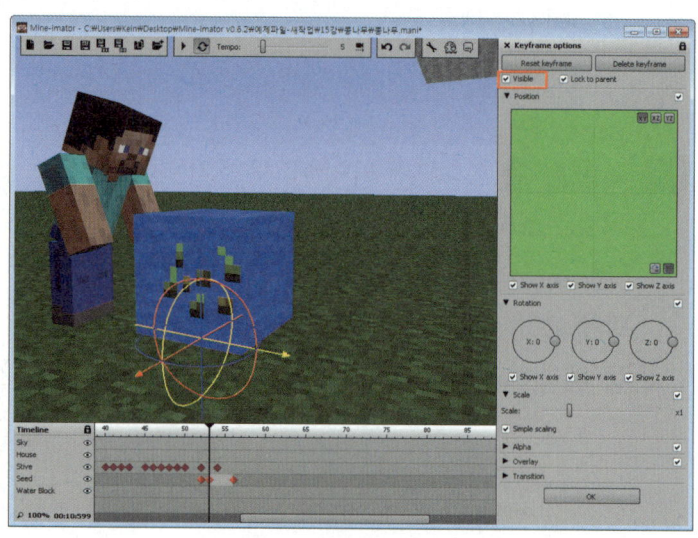

06 씨앗이 사라지면 샘물 블록을 좌우로 이동하여 흔들리는 효과를 만들기 위해 [Timeline]의 [Water block]에서 '57 키프레임' ~ '62 키프레임'을 만들고 빨간색 화살표를 드래그하여 좌우로 키프레임을 이동시켜요.

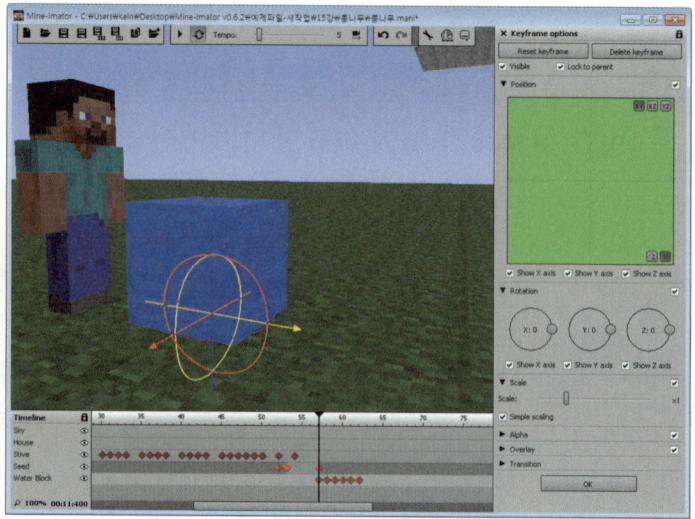

02 콩나무가 하늘 높이 자라나요.

신비한 샘물에 심은 씨앗이 벌써 싹이 났어요. 어느 새 하늘 높이 무럭무럭 자랐네요? 어디 한 번 어디까지 자랐나 올라가 볼까요?

01 신비한 샘물 속에서 자라나는 씨앗을 만들기 위해 [Project properties]의 [Library]에서 [Add]를 클릭한 후 [Item]을 선택해요. 아이템 목록이 표시되면 잎사귀 모양의 아이템을 선택해요. [Timeline]의 [Item 2]에서 '63 키프레임'을 만들고 샘물 속에 아이템을 가져와요. 이전에는 잎사귀가 표시되지 않도록 '62 키프레임'을 만들고 [keyframe options]에서 [Visible]을 해제해요.

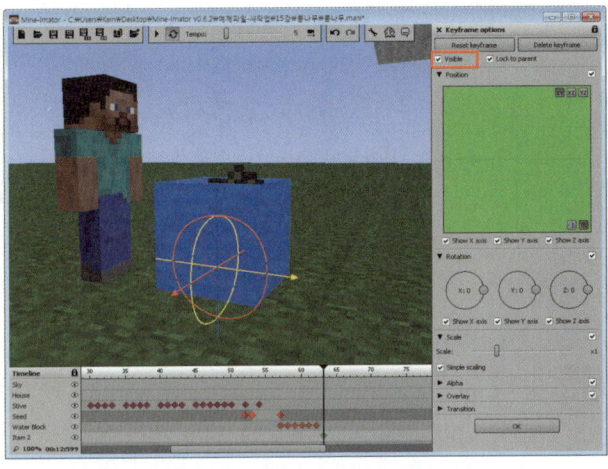

02 계속 잎사귀가 자라나는 모습을 보여주기 위해 [Project properties]의 [Library]에서 삽입한 잎사귀 아이템을 선택한 후 [Duplicate]를 클릭해요. 복제한 키프레임의 위치를 그림과 같이 이동한 후 이전에 표시된 잎사귀의 위로 표시되도록 계속 복제하고 키프레임을 이동시켜요.

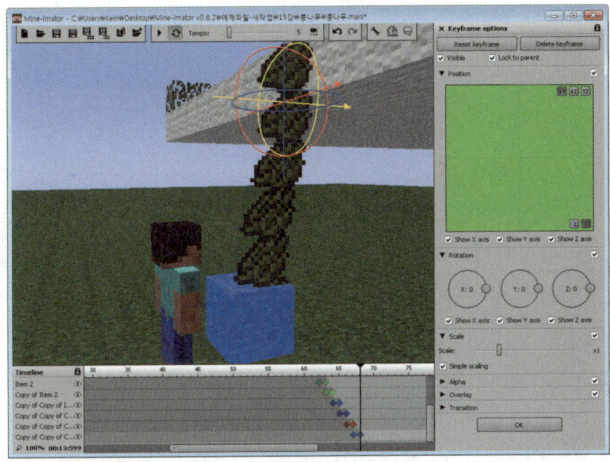

03 스티브가 콩나무를 타고 올라가는 모습을 만들기 위해 [Timeline]의 [Stive]에서 '68 키프레임'을 만든 후 그림과 같이 콩나무의 가장 아래 부분으로 스티브를 이동시켜요. [keyframe options]에서 'Left arm', 'Right arm', 'Left leg', 'Right leg'를 선택하고 그림과 같이 회전시켜 콩나무를 올라가기 시작하는 모습을 만들어요.

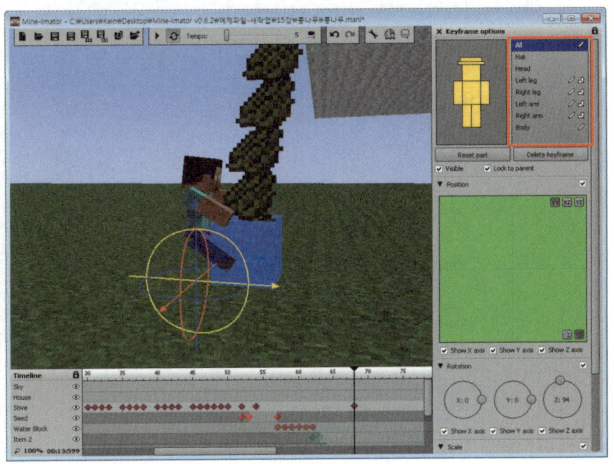

04 손과 발의 위치를 바꾸면서 콩나무를 타고 올라가는 애니메이션을 만들기 위해 [Timeline]의 [Stive]에 각각 키프레임을 삽입하고 [keyframe options]에서 'Left arm', 'Right arm', 'Left leg', 'Right leg'를 선택하여 그림과 같이 회전시켜 올라가는 모습을 만들어요.

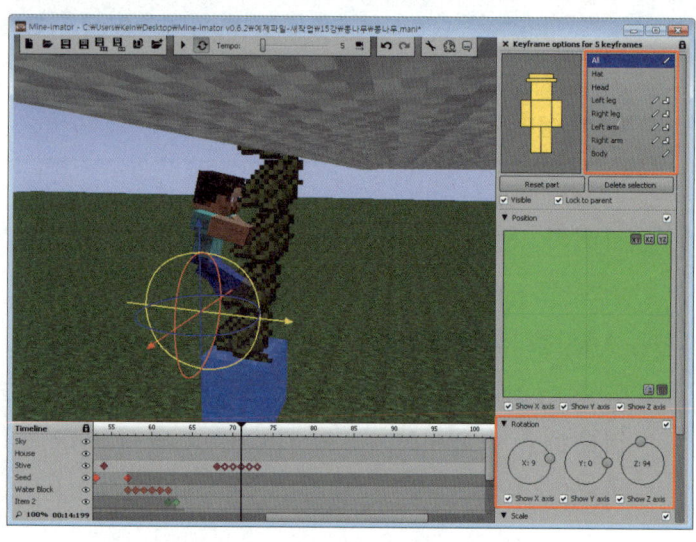

왼손+오른발, 오른손+왼발이 함께 움직이도록 만들어요.

05 콩나무의 끝 부분에 도착하면 미리 만들어 놓은 하늘 세트로 올라가는 모습의 애니메이션을 만들어요.

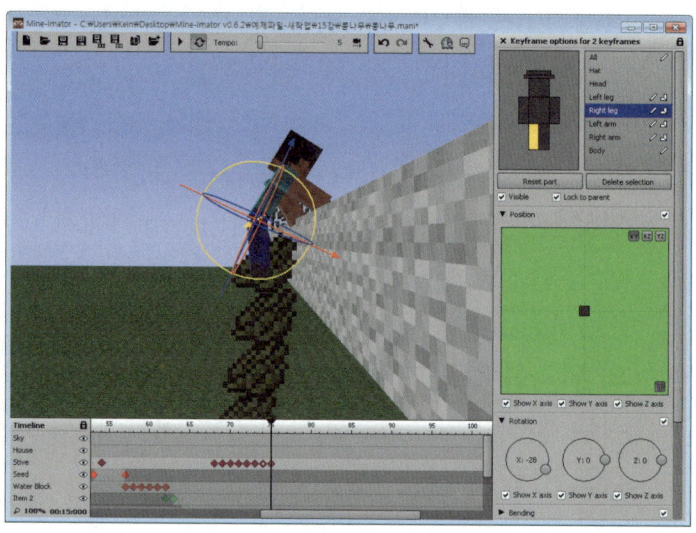

마지막 부분에서 점프해서 올라가는 모습을 만들어도 좋아요.

06 카메라로 촬영하는 것처럼 만들기 위해 [Camera Timeline]을 클릭해요. [Timeline]에 [Camera]가 표시되면 그림과 같이 타임라인을 만들고 애니메이션의 동작들이 잘 보이도록 화면을 이동해요. 애니메이션을 실행해서 만든 부분이 잘 실행되는지 확인해요.

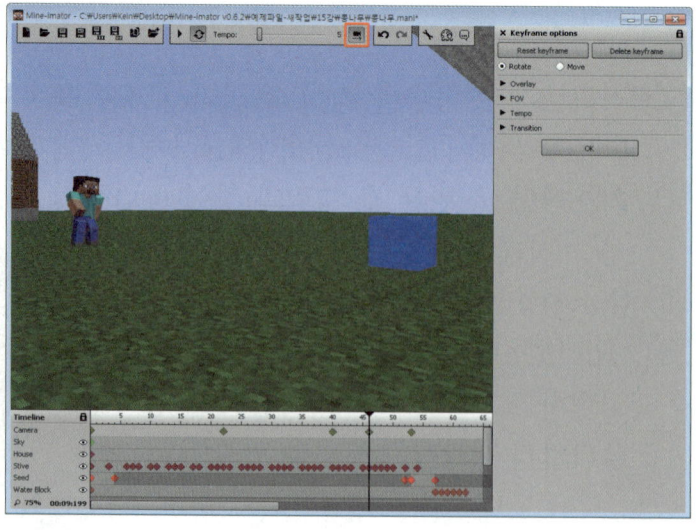

혼자서 뚝딱뚝딱

① 파일을 불러온 후 스티브가 콩나무 위에서 떨어지는 애니메이션을 만들어 보세요.

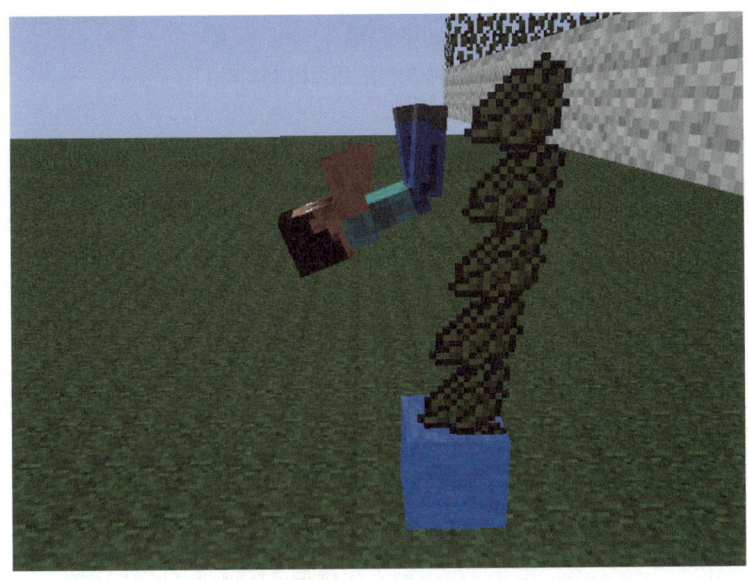

● 연습파일 : 떨어지기.mani
◎ 완성파일 : 떨어지기(완성).mani

② 파일을 불러온 후 스티브가 카트를 타고 하늘을 날아 올라가는 애니메이션을 만들어 보세요.

● 연습파일 : 카트.mani
◎ 완성파일 : 카트(완성).mani

16강 무서운 거인을 만났어요.

콩나무를 타고 올라간 하늘에는 무서운 거인이 살고 있었어요. 용감한 스티브와 거인이 싸우면 과연 누가 이길까요? 스티브와 거인이 대결하는 애니메이션을 만들어 보아요.

학습 목표
- 구름 속에 살고 있는 거인과 싸우는 애니메이션을 만들어 봅니다.
- 싸움에서 이긴 스티브의 세레모니 애니메이션을 만들어 봅니다.

▲ 완성파일

● 연습파일 : 하늘거인.mani ◎ 완성파일 : 하늘거인(완성).mani

무서운 거인과 씨워서 이겨보세요.

하늘로 올라간 스티브가 처음 만난 것은 바로 거인이었어요. 무서운 거인과 싸워 이기는 애니메이션을 만들어 보세요.

01 거인과 싸우려면 무기가 필요하겠죠? [Project properties]의 [Library]에서 [Add]를 클릭한 후 [Item]을 선택해요. 표시되는 아이템 목록에서 칼 모양의 아이템을 선택하고 [Instances] 에서 [Parent]는 'Stive', [Body part]는 'Right arm'으로 지정하여 스티브의 오른손과 칼 아이템이 같이 움직이도록 연결해요.

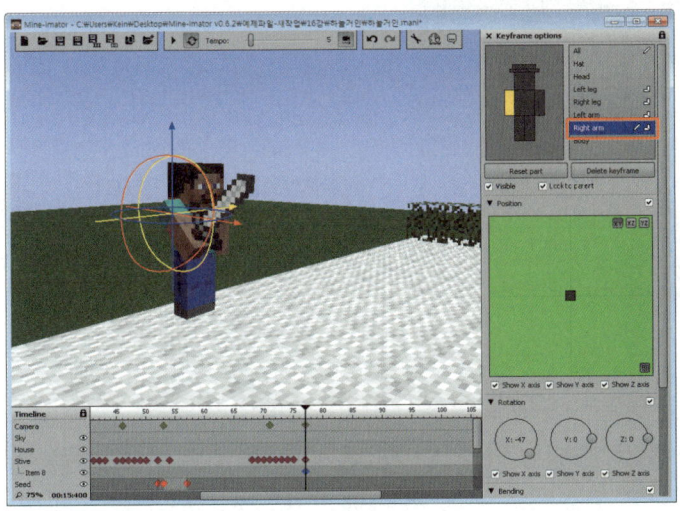

손 안에 무기가 연결되도록 여러 방향으로 회전해서 확인해요.

02 거인도 무기를 사용하기 위해 스티브와 같은 방법으로 새로운 무기 아이템을 삽입하고 [Instances]에서 [Parent]는 'Giant', [Body part]는 'Right arm'으로 지정하여 거인의 오른손과 무기 아이템이 같이 움직이도록 연결해요.

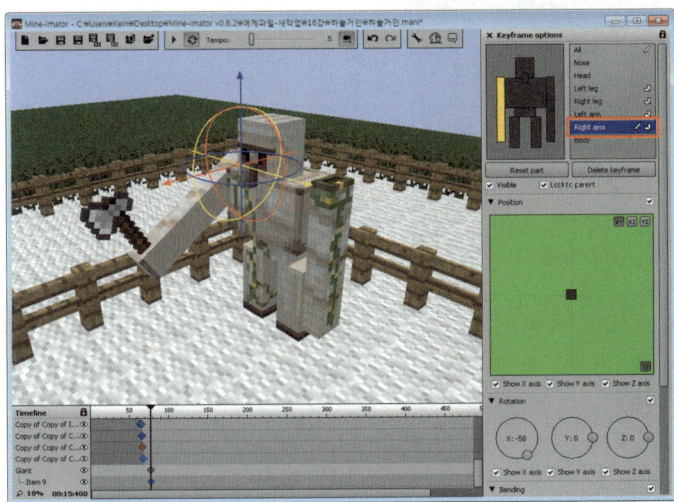

03 화면 중간에서 서로 만나게 하기 위해 [Timeline]의 [Stive]와 [Giant]에 키프레임을 만들고 중앙 부분까지 천천히 걸어오도록 위치를 이동해요. 각 키프레임 위에서 마우스 오른쪽 버튼을 클릭한 후 [Create walking animation to next keyframe]을 선택해요.

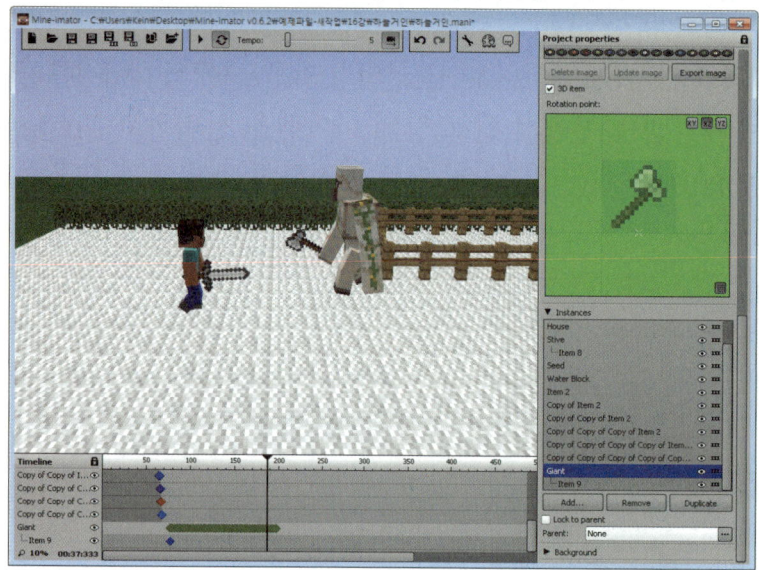

서로 부딪치지 않게 캐릭터 간의 간격을 유지해야 해요.

04 오른손에 든 무기를 휘두르는 동작을 만들기 위해 [keyframe options]에서 'Right arm'을 선택하고 [Rotation] 메뉴를 클릭하여 스티브와 거인이 무기를 휘두르는 모습을 만들어요. 동작이 적용된 키프레임을 선택하고 Ctrl 을 누른 상태에서 드래그하여 키프레임을 복사해요.

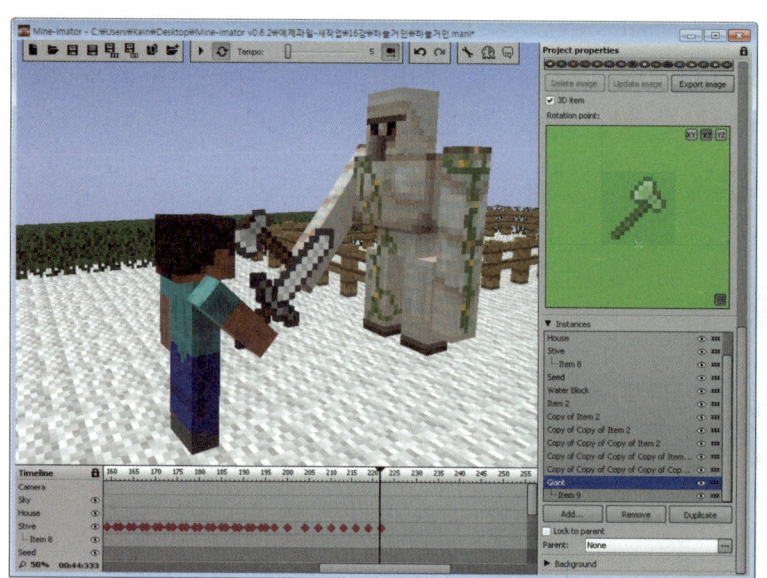

여러 방향으로 움직이는 애니메이션을 만들어도 좋아요.

과연 누가 이겼을까요?

용감한 스티브가 거인과 싸워 이겼네요? 싸움에 진 거인이 사라지고 신나는 세레모니를 하는 스티브를 만들어 보세요.

01 거인이 싸움에서 지고 말았어요. 스티브의 마지막 공격을 받은 거인이 앞으로 넘어지는 애니메이션을 만들기 위해 [Timeline]의 [Giant]에서 새로운 키프레임을 만들고 무릎을 꿇은 후 몸통이 앞으로 넘어지도록 [keyframe options]의 [Rotation]을 이용하여 각 키프레임에 동작을 만들어요.

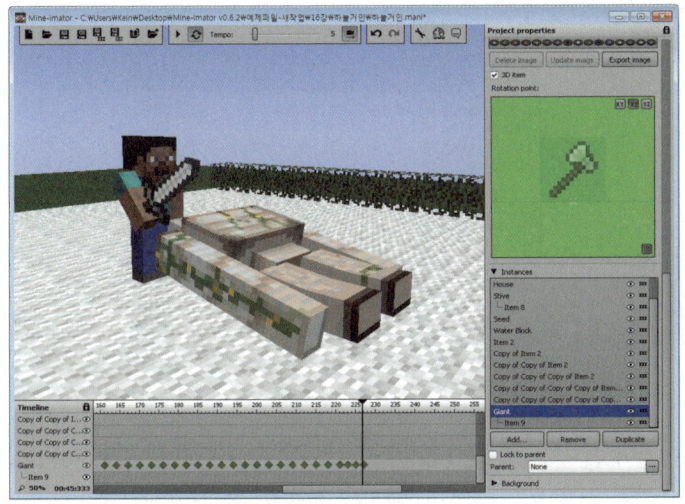

무릎부터 닿도록 천천히 넘어지는 모습을 만들어요.

02 넘어진 거인이 점점 투명해 지더니 사라져 버렸어요. [Timeline]의 [Giant]에서 '232 키프레임'을 만들고 [keyframe options]의 [Alpha]를 '0%'로 조절해 거인이 사라지는 애니메이션을 만들어요.

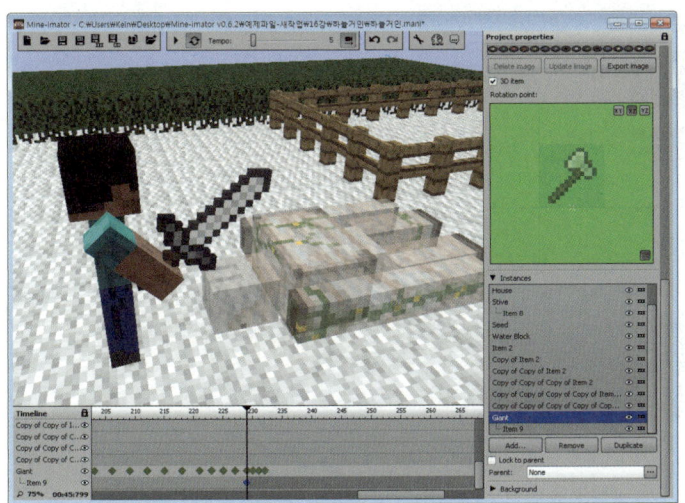

키프레임의 간격을 조절해 투명해지는 속도를 조절할 수 있어요.

03 싸움에서 이긴 스티브의 기분이 어떨까요? [Timeline]의 [Item 8]에서 '232 키프레임'을 선택한 후 [keyframe options]에서 [Visible]을 해제하여 손에 든 무기를 숨겨요. [Timeline]의 [Stive]에 새로운 키프레임을 만들고 두 팔을 높이 들어 신나게 환호하는 애니메이션을 만들어요.

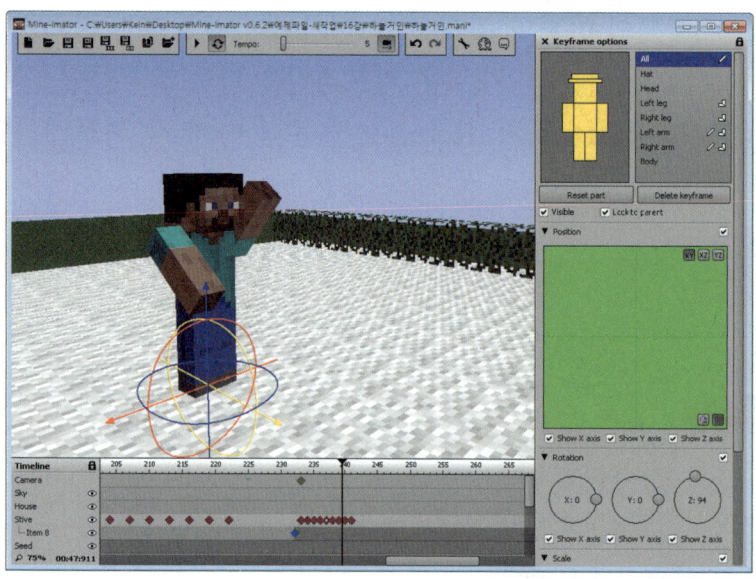

04 스티브와 거인의 싸움 장면을 카메라 타임라인을 이용하여 원하는 장면을 볼 수 있도록 [Camera timeline]을 클릭하고 [Timeline]의 [Camera]에 키프레임을 만들어 원하는 장면을 표시하도록 화면을 이동하고 확대/축소해요.

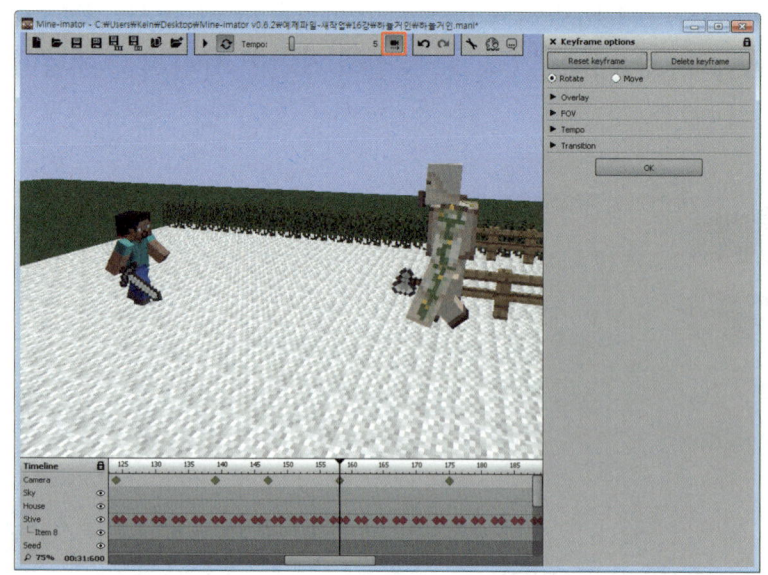

카메라 타임라인으로 영화를 촬영하듯이 장면을 담아내야 해요.

혼자서 뚝딱뚝딱

① 파일을 불러온 후 거인을 향해 멋진 날아차기를 하도록 애니메이션을 만들어 보세요.

● 연습파일 : 날아차기.mani
◎ 완성파일 : 날아차기(완성).mani

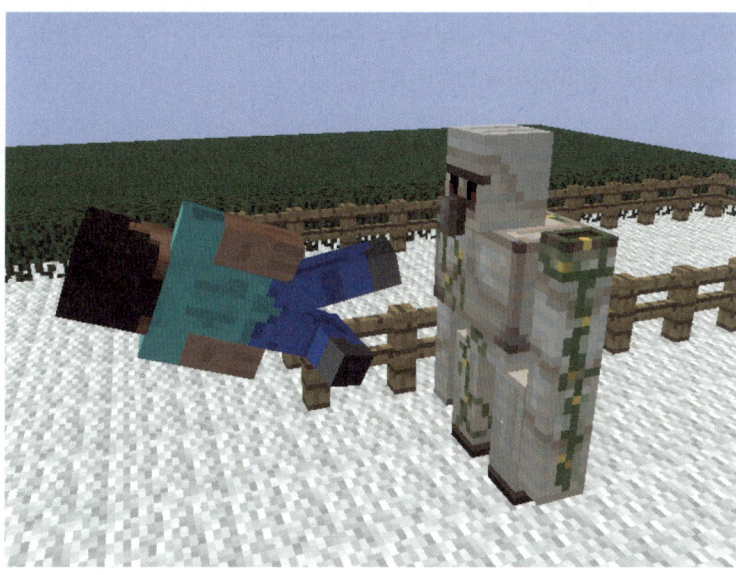

② 파일을 불러온 후 따라오는 거인을 피해 스티브가 도망다니는 애니메이션을 만들어 보세요.

● 연습파일 : 도망가기.mani
◎ 완성파일 : 도망가기(완성).mani

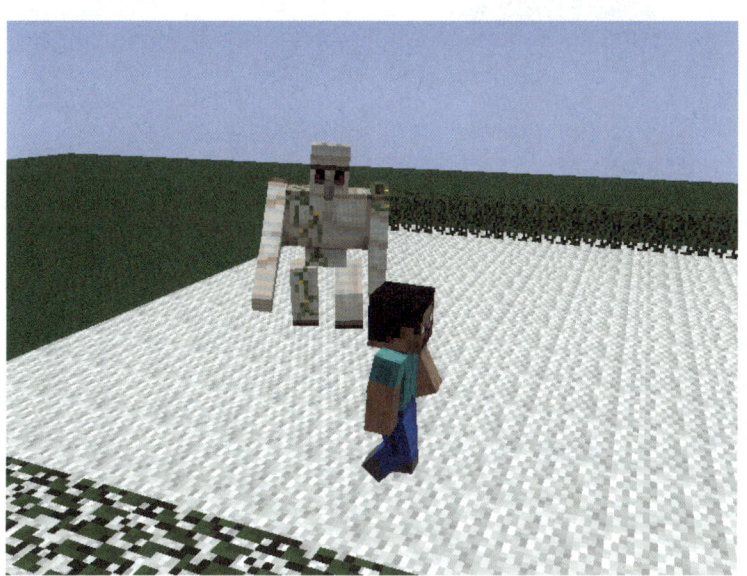

17강 황금알을 낳는 닭

거인을 이긴 스티브, 하늘 울타리 속에 살고 있는 황금알을 낳는 닭을 만났어요.
닭이 이리 저리 도망다니며 황금알을 낳는 애니메이션을 만들어 보아요.

학습 목표
- 울타리를 넘어 닭을 ◎아가는 애니메이션을 만들어 봅니다.
- 닭이 황금알을 낳는 애니메이션을 만들어 봅니다.

▲ 완성파일

01

● 연습파일 : 황금알.mani   ◎ 완성파일 : 황금알(완성).mani

울타리를 넘어 닭을 찾아봐요.

거인을 물리친 스티브, 이제 황금알을 낳는 닭을 찾으러 가볼까요? 문이 없는 울타리를 멋있게 뛰어 넘고 닭을 찾는 애니메이션을 만들어 보아요.

01 문이 없는 울타리를 훌쩍 뛰어서 황금닭을 잡으러 넘어가요. [Timeline]의 [Stive]에서 새로운 키프레임을 만들어 현재 멈춰있는 위치부터 울타리 앞까지 뛰어오는 애니메이션을 만들어요.

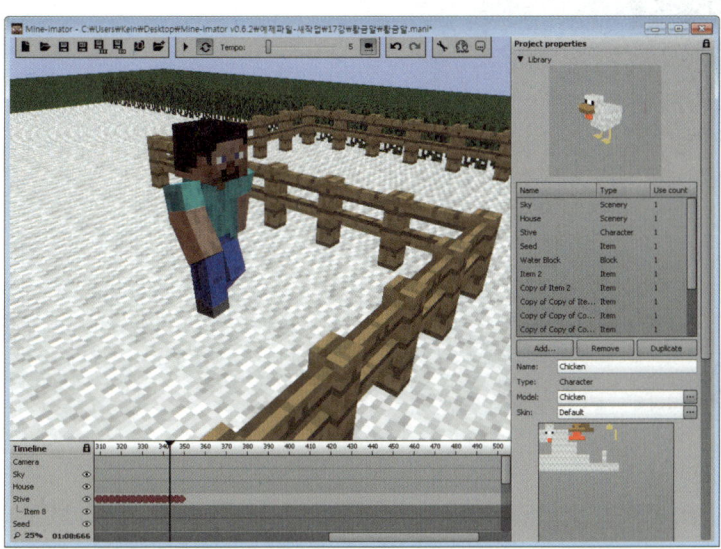

02 스티브가 울타리 가까이에 도착하면 양 팔과 다리를 벌려 울타리를 뛰어 넘어가는 애니메이션을 만들기 위해 [Timeline]의 [Stive]에서 새로운 키프레임을 만들고 [keyframe options]에서 'Left arm', 'Right arm', 'Left leg', 'Right leg'를 선택하고 그림과 같이 회전시켜요.

울타리에 다리나 몸이 가려지지 않도록 주의해서 만들어요.

03 스티브가 울타리로 들어오면 닭을 잡기 위해 달려가도록 키프레임을 만들고 닭이 있는 위치로 이동하도록 만들어요. 닭은 스티브를 피하기 위해 반대 방향으로 도망가는 애니메이션을 만들어요.

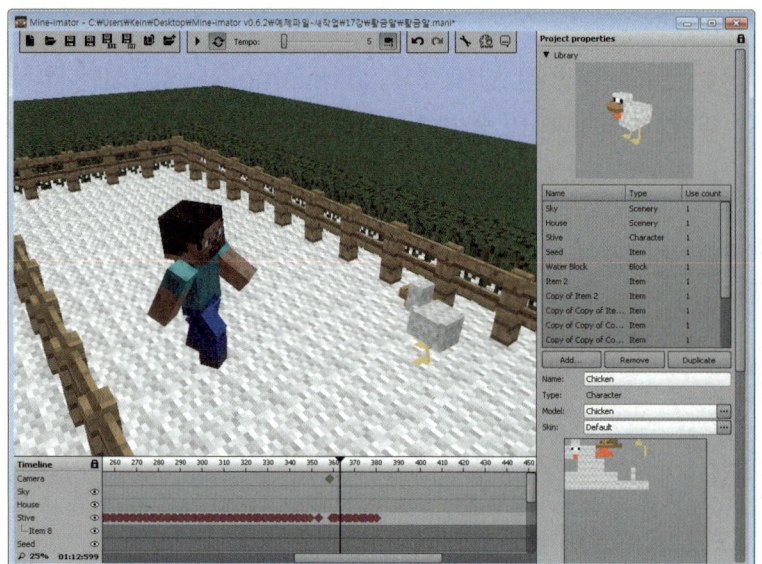

키프레임을 하나씩 확인해 서로 부딪치지 않도록 만들어요.

04 닭이 스티브에게 잡히도록 [Timeline]의 [Chicken]에서 키프레임을 만들고 스티브보다 달리는 거리가 짧게 만들어요. 스티브는 닭의 바로 뒤까지 이동하도록 키프레임을 만들고 이동시켜요.

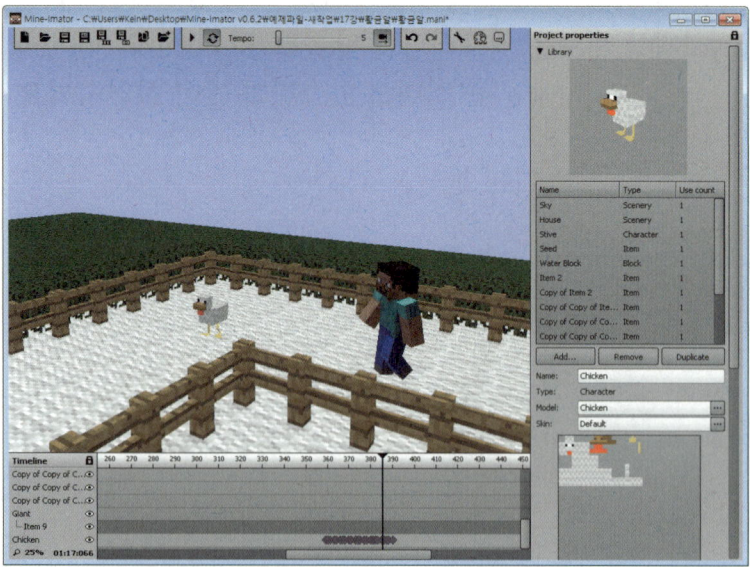

02 황금알을 낳았어요.

이리저리 도망가던 닭이 황금알을 낳았어요. 닭을 뒤따라가면서 스티브가 황금알을 줍는 애니메이션을 만들어 보아요.

01 닭이 걸어가면서 알을 낳는 모습을 만들기 위해 그림과 같이 캐릭터 앞으로 닭이 걸어가는 애니메이션을 만들어요.

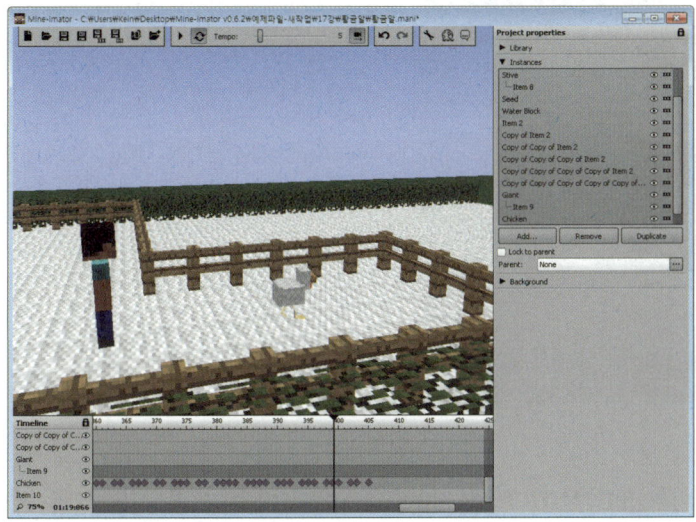

닭이 천천히 걷도록 애니메이션을 조절해요.

02 [Project properties]의 [Library]에서 [Add]를 클릭한 후 [Item]을 선택해요. 아이템 목록이 표시되면 그림과 같이 알을 닮은 아이템을 선택해요. 닭이 움직이면 알이 나타나도록 새로 만든 타임라인에 키프레임을 삽입하고 위치를 이동해요. 선택한 키프레임 이외에는 알이 표시되지 않도록 앞과 뒤에 키프레임을 만들고 [keyframe options]에서 [Visible]을 해제해요.

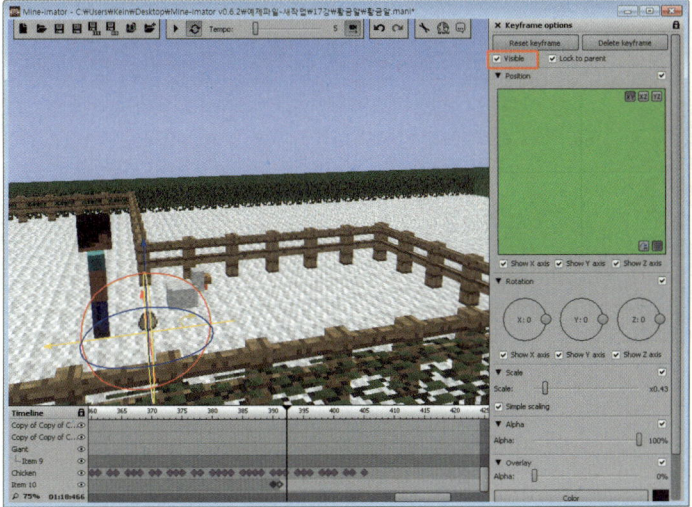

03 스티브가 알을 잡는 모습을 만들기 위해 [Timeline]의 [Stive]에서 새로운 키프레임을 만든 후 [keyframe options]에서 'Left arm', 'Right arm', [Body]를 선택하고 [Rotation]을 이용하여 스티브가 허리를 숙이고 씨앗을 줍도록 만들어요.

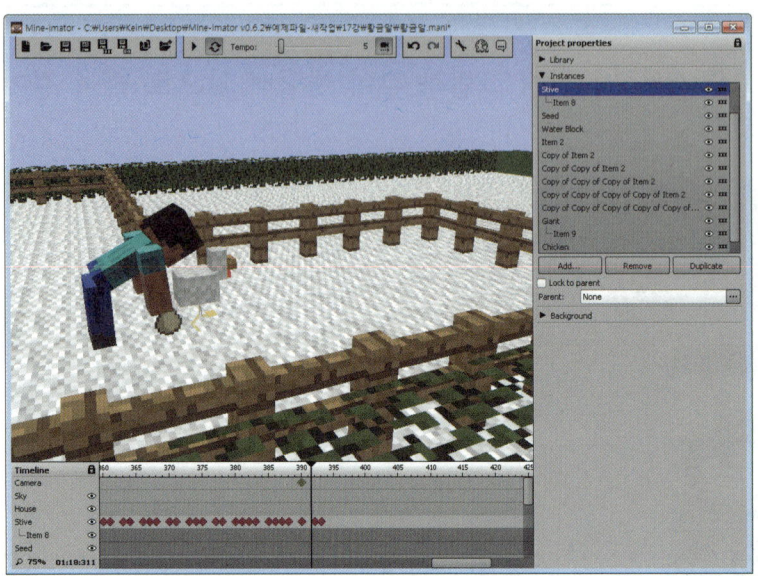

04 같은 방법을 이용하여 계속 알을 낳고 스티브가 알을 줍도록 애니메이션을 만든 후 카메라 타임라인을 설정하여 애니메이션을 완성해요.

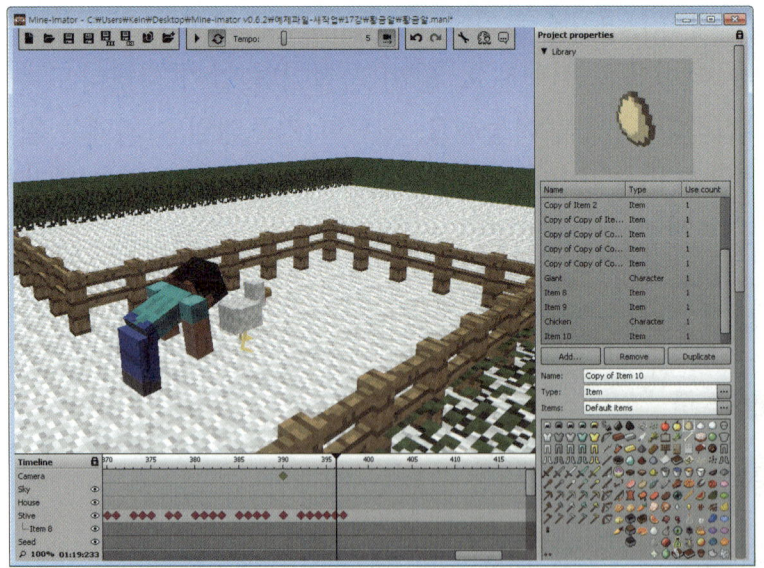

닭이 이리저리 움직이면서 알을 낳는 애니메이션을 만들어도 좋아요.

혼자서 뚝딱뚝딱

① 파일을 불러온 후 발로 찬 닭이 하늘로 날아가는 애니메이션을 만들어 보세요.

● 연습파일 : 날으는닭.mani
◎ 완성파일 : 날으는닭(완성).mani

② 파일을 불러온 후 닭이 스티브의 머리 위로 점프하여 알을 낳는 애니메이션을 만들어 보세요.

● 연습파일 : 머리위닭.mani
◎ 완성파일 : 머리위닭(완성).mani

18강 안전하게 횡단보도를 건너요!

안전하게 길을 건너려면 어떻게 해야 할까요? 스티브와 함께 횡단보도를 건널 때 주의해야 할 내용들을 알아보는 애니메이션을 만들어 보아요.

학습 목표
- 교통안전사항을 알려주는 애니메이션을 만들어 봅니다.
- 횡단보도를 건널 때 주의해야 할 부분을 알아 봅니다.

▲ 완성파일

01 횡단보도를 건널 때에는 어떻게 할까요?

○ 연습파일 : 교통안전1.mani   ◎ 완성파일 : 교통안전1(완성).mani

도로를 건널 때에는 횡단보도를 이용하죠? 지나가는 차들을 조심하며 안전하게 횡단보도를 건너는 방법을 애니메이션을 만들어 보아요.

01 파일을 불러온 후 캐릭터가 차도를 가로질러 건너가는 애니메이션을 만들기 위해 [Timeline]의 [Stive]에 '10 키프레임'을 만들고 '1 키프레임' 위에서 마우스 오른쪽 버튼을 클릭한 후 [Create walking animation to next keyframe]을 선택해요

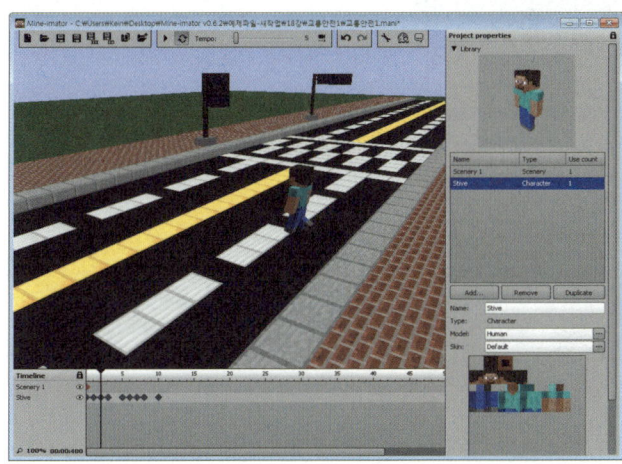

02 차도를 다 건너면 캐릭터 앞에 주의 팻말을 오른손에 든 눈사람이 나타나도록 [Project properties]의 [Library]에서 [Add]를 클릭한 후 [Character]를 선택해요. 캐릭터가 삽입되면 [Model]에서 'Snowman'을 선택하고 이름을 'Snowman'으로 변경해요. 팻말 아이템도 같은 방법을 이용해 삽입하고 눈사람의 오른손에 [Instances]를 이용하여 연결해요. 캐릭터가 길을 건너면 나타나도록 [Timeline]의 [Snowman]에 '10 키프레임'을 만들고 그림과 같이 위치를 변경해요. '9 키프레임'과 '12 키프레임'은 눈사람이 표시되지 않도록 [keyframe options]에서 [Visible]을 해제해요.

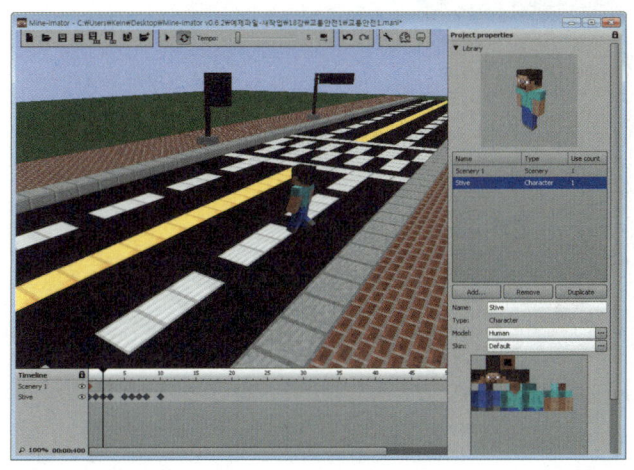

> 눈사람은 감춰져 있다가 나타나도록 만들어야 해요.

03 횡단보도 앞으로 캐릭터가 걸어가도록 [Timeline]의 [Stive]에 새로운 키프레임을 삽입하고 길을 건너는 애니메이션을 만들어요. 횡단보도를 건널 때 왼팔을 들고 고개를 왼쪽으로 돌려 차가 지나가는지 확인하며 걷는 애니메이션을 만들기 위해 [Timeline]의 [Stive]에 삽입된 키프레임을 선택한 후 [keyframe options]에서 'Left arm', 'Head'를 선택하고 그림과 같이 회전시켜요.

04 횡단보도의 중간에 도착하면 오른팔을 들고 고개를 오른쪽으로 돌려 다른 방향을 확인하는 애니메이션을 만들어요. [Timeline]의 [Stive]에 삽입된 키프레임을 선택한 후 [keyframe options]에서 'Right arm', 'Head'를 선택하고 그림과 같이 회전시켜요.

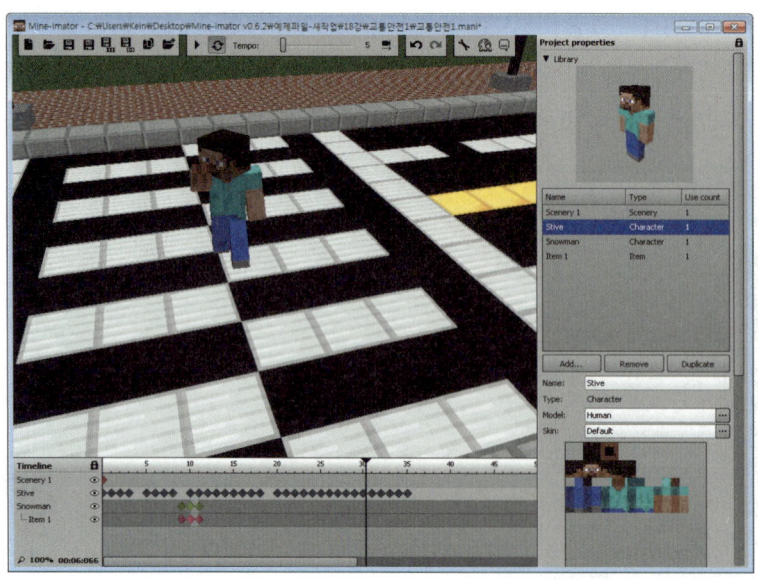

02 횡단보도를 건널 때는 뛰지 말아요!

횡단보도를 건널 때에는 지나가는 사람이나 차에 부딪치지 않도록 절대 뛰어다니면 안돼요. 횡단보도를 건너는 올바른 방법을 애니메이션으로 만들어 보아요.

01 이번에는 뒤돌아 횡단보도를 빠르게 뛰어가는 애니메이션을 만들어요. [keyframe options] 에서 [Rotation]을 클릭하고 스티브가 뒤를 바라보도록 회전시킨 후 앞으로 걸어가도록 키프레임을 설정해요.

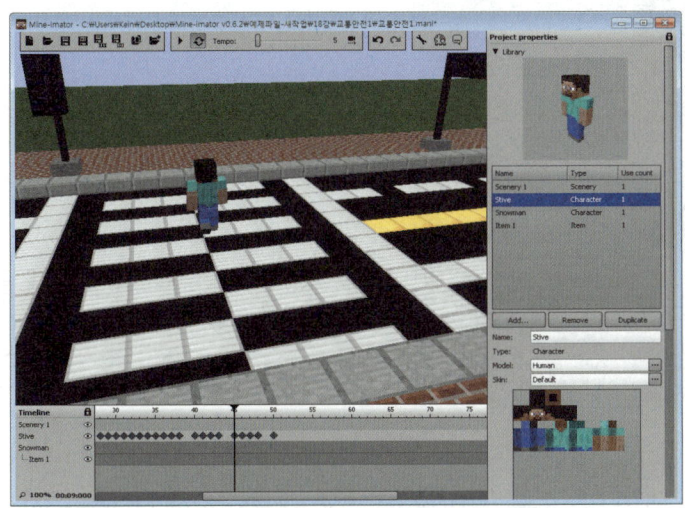

> 타임라인의 도착하는 거리를 변경해서 속도를 조절할 수 있어요.

02 횡단보도 끝에 도착하면 이전에 만든 팻말을 든 눈사람이 나타나도록 만들어요. [Timeline] 의 [Snowman]에서 스티브가 도착하는 위치에 '50 키프레임'을 만들고 [keyframe options]에서 [Visible]을 선택해요. 선택한 키프레임 이전과 '52 키프레임' 이후에는 표시되지 않도록 [Visible]을 해제해요.

03 스티브가 다시 뒤로 돌아 횡단보도의 끝 부분에서 중간까지 걸어가도록 [Timeline]의 [Stive]에서 새로운 키프레임을 삽입하고 횡단보도 중간까지 걸어가도록 만들어요. 삽입한 키프레임 위에서 마우스 오른쪽 버튼을 클릭한 후 [Create walking animation to next keyframe]을 선택해요

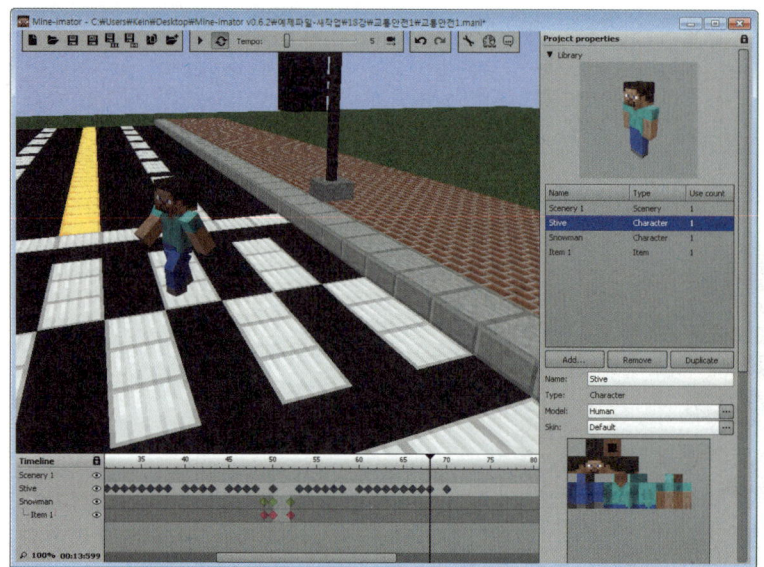

자연스럽게 뒤로 돌아가도록 타임라인을 만들어야 해요.

04 횡단보도 중간 부분에 해당하는 키프레임을 만들고 [keyframe options]에서 [Rotation]을 클릭하여 스티브가 뒤를 바라보도록 회전시킨 후 다시 앞으로 걸어가도록 키프레임을 설정해요.

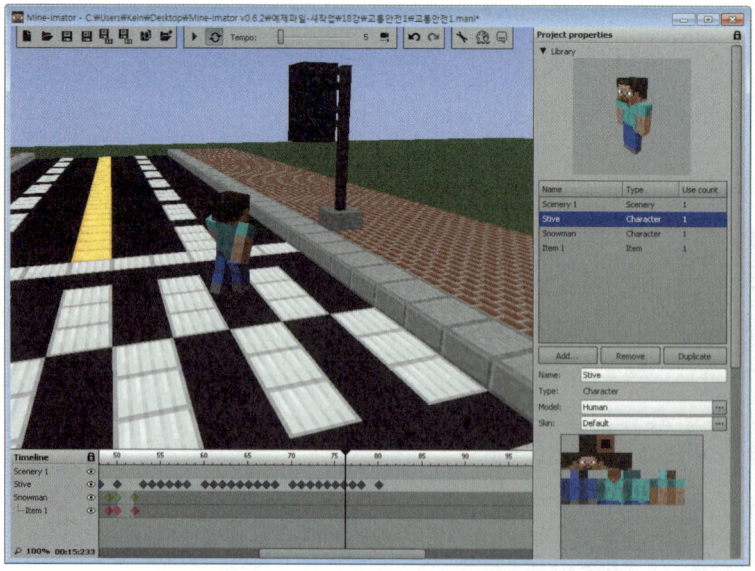

혼자서 뚝딱뚝딱

1 파일을 불러온 후 차를 만들고 캐릭터를 태워 횡단보도 앞에 멈추면 건너가도록 애니메이션을 만들어요.

- 연습파일 : 정차.mani
- 완성파일 : 정차(완성).mani

2 파일을 불러온 후 캐릭터들이 함께 한 쪽 팔을 들고 횡단보도를 건너가는 애니메이션을 만들어요.

- 연습파일 : 함께건너기.mani
- 완성파일 : 함께건너기(완성).mani

19강 길을 걸어갈 때는 조심해요!

길을 걸어갈 때는 전봇대와 같은 시설물이나 다른 쪽에서 걸어오는 사람과 부딪치지 않도록 조심해야 해요. 길을 걸을 때 주의해야 하는 일을 알려주는 애니메이션을 만들어 보아요.

학습 목표
- 도로 안전사항을 알려주는 애니메이션을 만들어 봅니다.
- 도로를 걸어갈 때 주의해야 할 부분을 알아 봅니다.

▲ 완성파일

01 길을 걸을 때 조심해요!

● 연습파일 : 교통안전2.mani   ◎ 완성파일 : 교통안전2(완성).mani

자동차가 다니는 차도 이외에도 우리가 평소 걷는 길도 조심해야 할 부분들이 많아요. 우리 주변에서 주의해야 할 도로 안전 상식을 알아보는 애니메이션을 만들어 보아요.

01 파일을 불러온 후 [Timeline]의 [Stive]에서 '85 키프레임'을 삽입해요. [keyframe options]에서 'Left arm', 'Right arm'을 선택하고 그림과 같이 회전시키고 '92 키프레임'까지 두 팔을 벌리면서 도로와 인도의 경계에 있는 돌을 밟고 걸어가는 애니메이션을 만들어요.

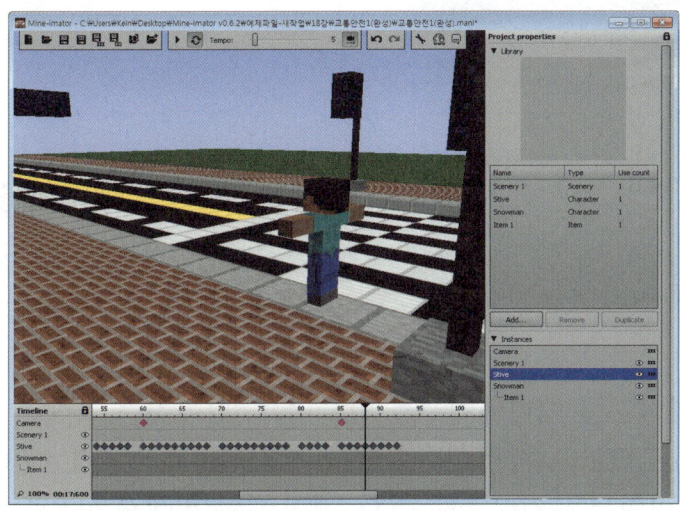

02 캐릭터 앞에 주의 팻말을 오른손에 든 눈사람이 나타나도록 [Timeline]의 [Snowman]에서 '92 키프레임'을 삽입하고 [keyframe options]에서 [Visible]을 선택해요. '91 키프레임'과 '94 키프레임'은 [Visible]을 해제하여 잠깐만 표시되도록 만들어요.

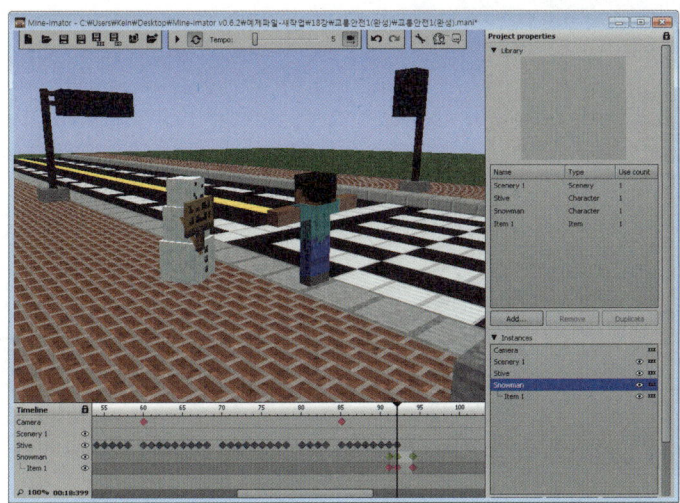

03 스티브가 다른 곳을 쳐다보며 걷도록 고개를 돌린 채 앞으로 걸어가는 애니메이션을 만들기 위해 키프레임을 삽입하고 스티브를 앞으로 이동시켜요. [keyframe options]에서 'Head'를 선택하고 그림과 같이 왼쪽을 바라보도록 회전시켜요.

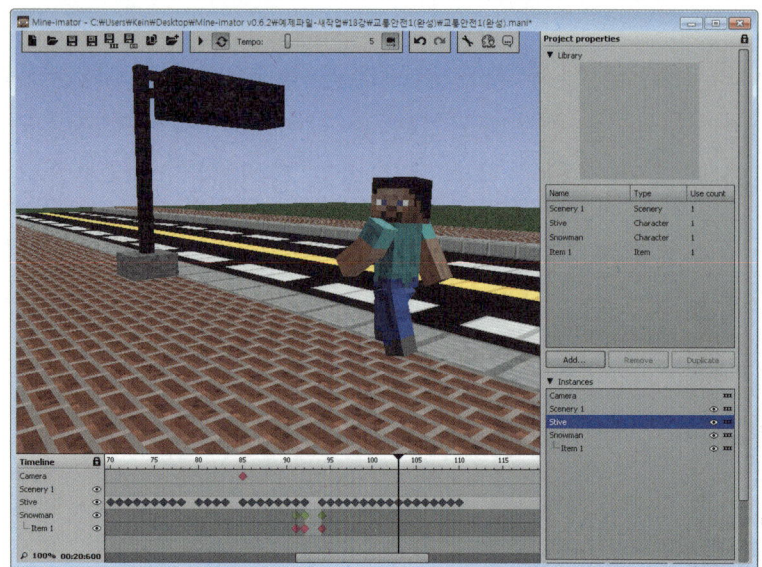

잠깐씩 고개를 돌리도록 애니메이션을 만들어도 좋아요.

04 앞에 있는 전봇대에 부딪치고 뒤로 넘어지는 애니메이션을 만들어요. 넘어지는 동작에 해당하는 키프레임을 삽입하고 [keyframe options]에서 'Left arm', 'Right arm', 'Left leg', 'Right leg'를 선택하고 회전시켜 재미있는 동작을 만들어요. 키프레임 위에서 마우스 오른쪽 버튼을 클릭한 후 [Create walking animation to next keyframe]을 선택하면 더 자연스러운 움직임을 만들 수 있어요.

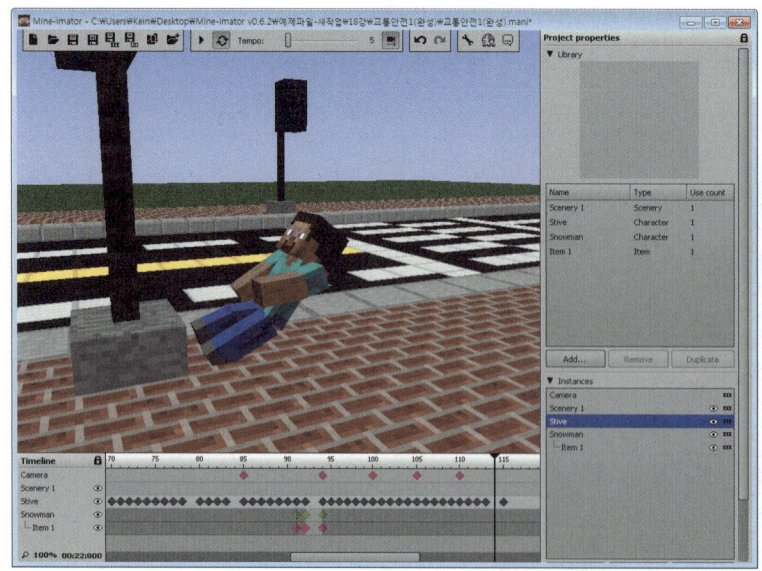

전봇대에 머리나 몸이 닿도록 다른 각도에서 확인해요.

사람들과 부딪치지 않도록 조심해요!

도로의 자동차 이외에도 다른 사람들과 길거리에서 부딪치지 않도록 조심해서 걸어야 해요. 길을 양보하고 우측통행을 하는 애니메이션을 만들어 보아요.

01 스티브가 다시 일어나 길의 왼쪽으로 걸어가도록 키프레임을 삽입하고 걷는 동작을 만들어요. [Project properties]의 [Library]에서 [Add]를 클릭한 후 [Character]를 선택해요. 새로운 캐릭터가 삽입되면 [Model]에서 'Skeleton'을 선택해요. 새로 삽입된 캐릭터가 스티브의 앞 쪽으로 걸어오도록 애니메이션을 만들어요.

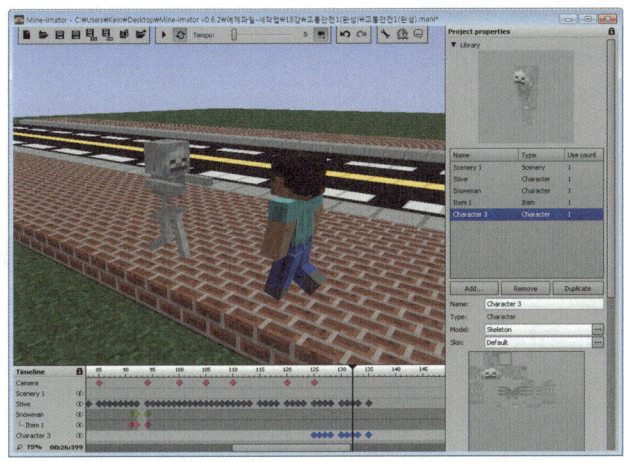

02 캐릭터가 부딪치고 둘 다 뒤로 넘어지는 애니메이션을 각각 만들어요. 넘어지는 동작에 해당하는 키프레임을 삽입하고 [keyframe options]에서 'Left arm', 'Right arm', 'Left leg', 'Right leg'를 선택하고 회전시켜 재미있는 동작을 만들어요. 키프레임 위에서 마우스 오른쪽 버튼을 클릭한 후 [Create walking animation to next keyframe]을 선택하면 더 자연스러운 움직임을 만들 수 있어요.

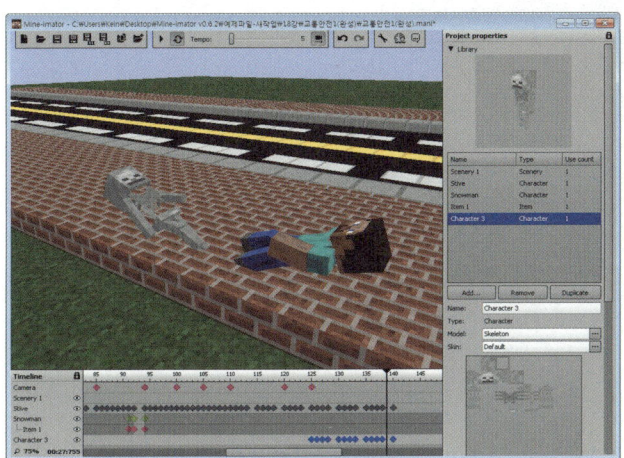

03 스티브를 먼저 일어나 다른 캐릭터의 손을 잡고 일으켜주도록 애니메이션을 만들어요. [Timeline]의 [Stive]에서 새로운 키프레임을 만든 후 [keyframe options]에서 'Left arm', 'Right arm', [Body]를 선택하고 [Rotation]을 이용하여 스티브가 허리를 숙이고 손을 잡도록 만들어요.

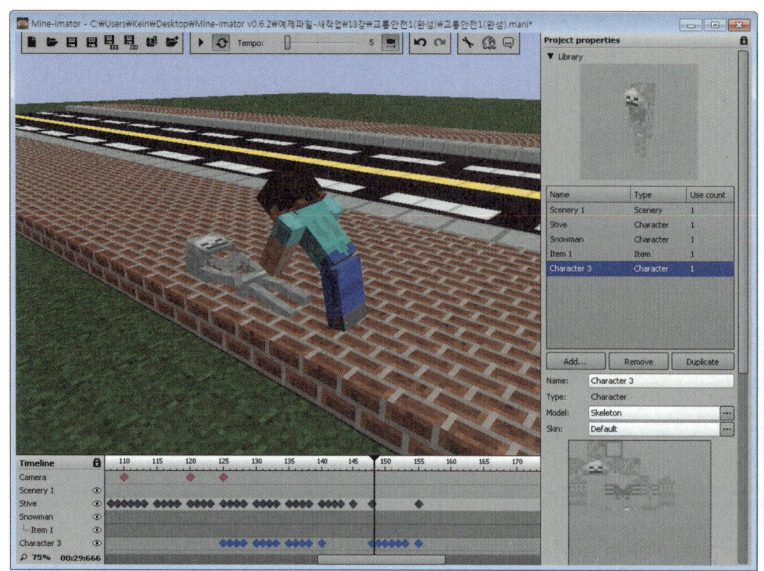

손이 닿지 않으면 비슷한 포즈를 취하도록 만들어 보세요.

04 캐릭터를 다른 캐릭터의 다른 방향으로 피해 걸어가도록 각각 키프레임을 삽입하고 걸어가는 애니메이션을 만들어요.

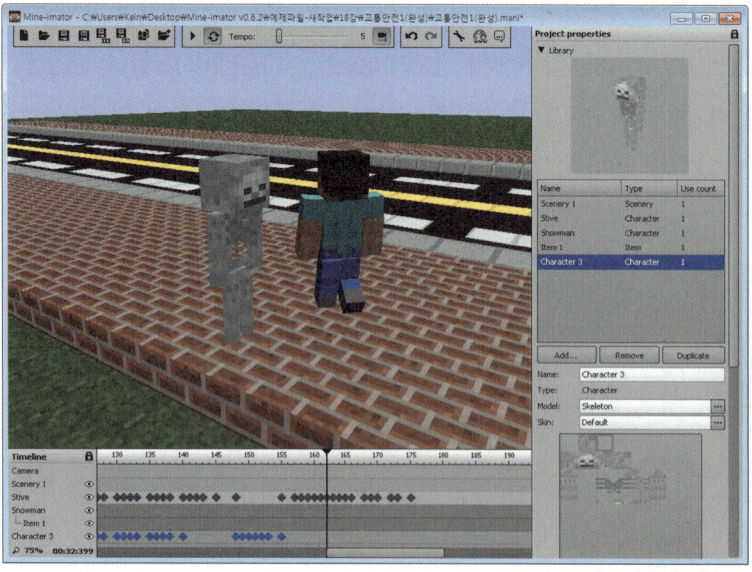

혼자서 뚝딱뚝딱

① 파일을 불러온 후 앞으로 지나가는 캐릭터들을 피해 가도록 움직이는 애니메이션을 만들어 보세요.

● 연습파일 : 피해가기.mani
◎ 완성파일 : 피해가기(완성).mani

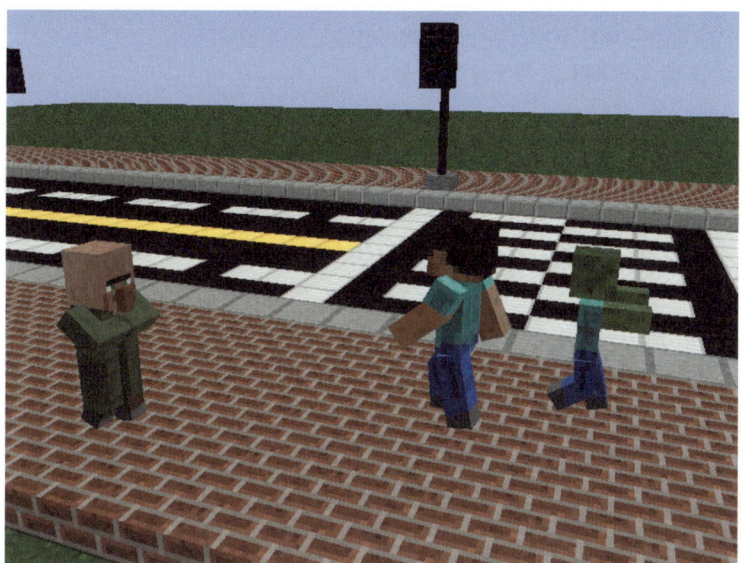

② 파일을 불러온 후 길에서 점프를 했다가 전봇대에 부딪쳐 넘어지는 애니메이션을 만들어 보세요.

● 연습파일 : 점프.mani
◎ 완성파일 : 점프(완성).mani

20강 길에서 장난하면 안돼요!

많은 차들과 사람들이 지나가는 길에서는 장난을 하면 크게 다칠 수 있어요.
길에서 조심해야 할 일들을 애니메이션으로 만들어 보아요.

학습 목표
- 교통안전과 관련된 내용을 알려주는 애니메이션을 만들어 봅니다.
- 친구들과 놀 때 주의해야 할 부분을 알아 봅니다.

▲ 완성파일

01 길을 다닐 때에는 조심해야 해요!

● 연습파일 : 교통안전3.mani   ◎ 완성파일 : 교통안전3(완성).mani

친구들과 길을 다닐 때에는 여러 일이 생길 수 있어요. 작은 장난으로 큰 사고가 날 수 있기 때문이예요. 길에서 조심해야 하는 것들을 애니메이션으로 만들어 보아요.

01 파일을 불러온 후 [Project properties]의 [Library]에서 [Add]를 클릭한 후 [Item]을 선택해요. 표시된 아이템 목록에서 그림과 같이 공 모양의 아이템을 선택해요. 스티브가 공에 가까이 다가와 오른발로 공을 차는 애니메이션을 만들어요.

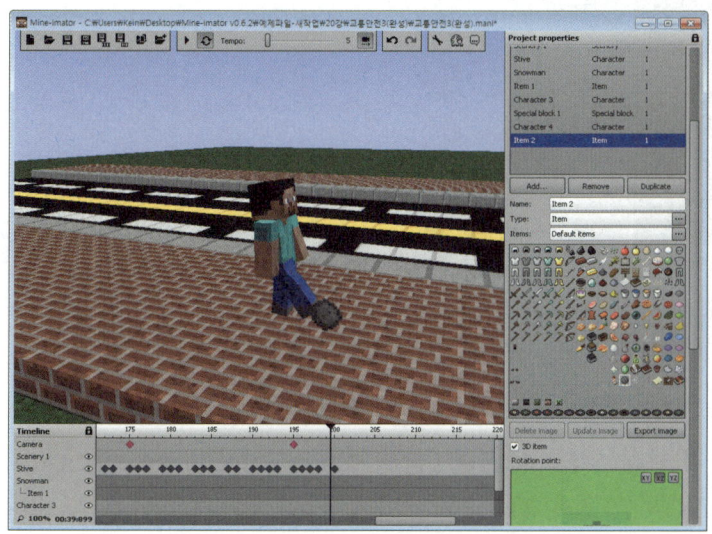

캐릭터의 발이 공에 닿도록 애니메이션을 만들어야 해요.

02 스티브가 발로 찬 공이 도로 중앙으로 날아가는 애니메이션을 만들어요. 공이 이리 저리 튀는 모습을 표현해 재미있는 애니메이션을 만들 수 있어요.

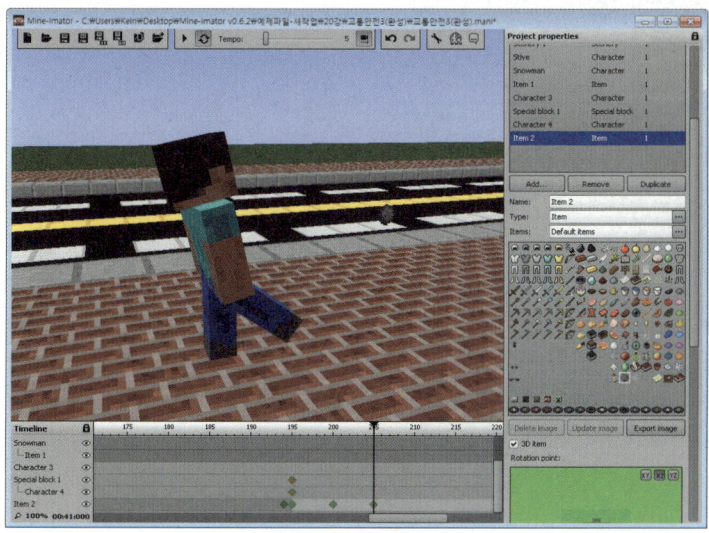

03 공을 찬 스티브가 앞으로 계속 걸어가도록 키프레임을 만들어요. 앞에 걸어가는 친구 뒤에 다가가면 [keyframe options]에서 'Left arm', 'Right arm'을 선택하고 회전시켜 앞으로 뻗게 만들어요.

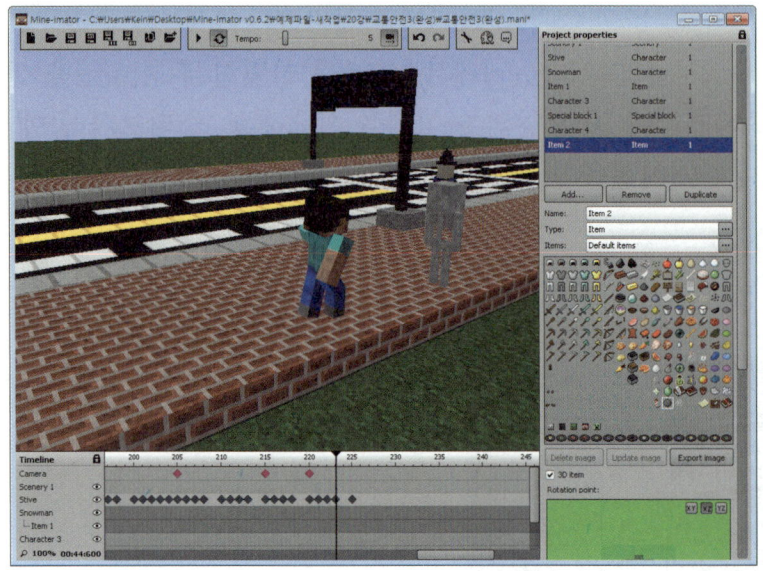

두 팔을 뻗어 다른 캐릭터의 등 부분에 닿도록 만들어요.

04 [Timeline]의 [Character 3]에서 새로운 키프레임을 만들어요. [keyframe options]에서 'Left arm', 'Right arm'을 선택하고 그림과 같이 회전시켜 깜짝 놀란 친구가 두 팔을 번쩍 드는 애니메이션을 만들어요.

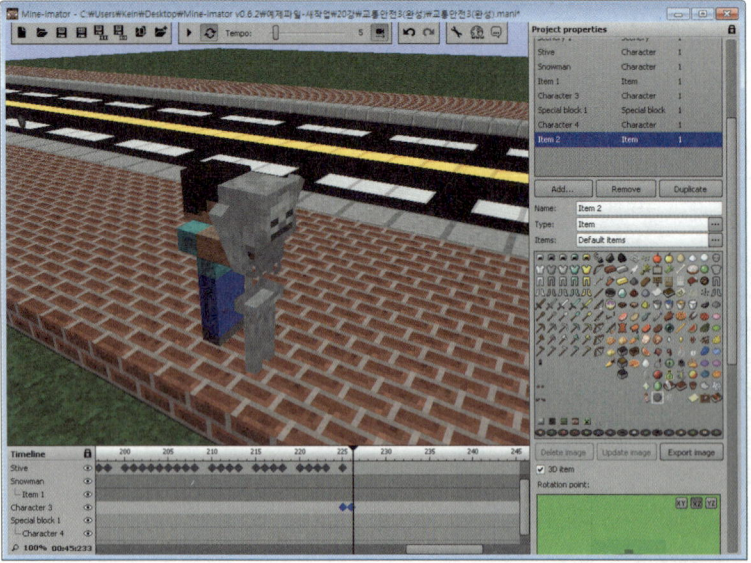

02 차가 다니는 길에서 장난하면 안돼요!

차 주변이나 도로 시설물에서 장난하면 크게 다칠 수 있어요. 올바른 안전 상식을 알려주는 애니메이션을 만들어 보아요.

01 스티브를 횡단보도 앞의 멈춰있는 자동차 뒤로 이동해요. 자동차 뒤에 보이지 않게 쪼그리고 앉아 있는 모습을 만들기 위해 [Timeline]의 [Stive]에 새로운 키프레임을 만들고 [keyframe options]에서 'Left leg', 'Right leg'를 선택하고 그림과 같이 회전시켜 앉아있는 모습을 만들어요.

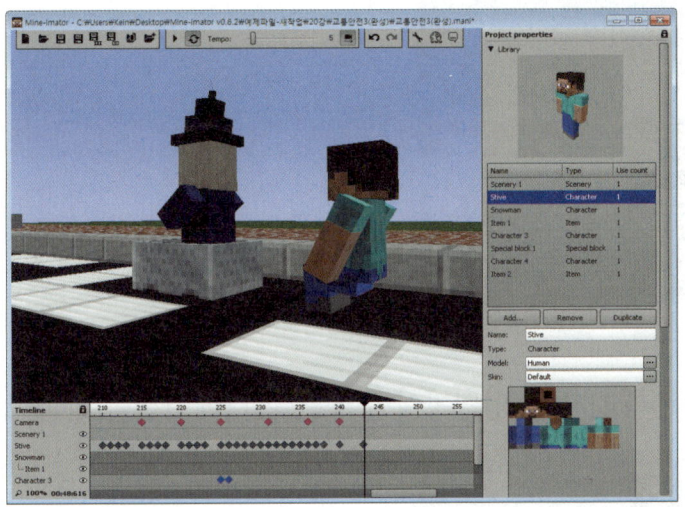

[Bend]를 이용하여 무릎을 구부리면 재미있는 동작을 만들 수 있어요.

02 멈춰있던 차가 뒤로 슬슬 움직이도록 키프레임을 만들고 스티브가 놀라 넘어지는 애니메이션 동작을 만들어요. 스티브의 엉덩이가 먼저 땅에 닿도록 만들어요.

03 스티브가 신호등을 타고 올라가는 애니메이션을 만들어요. 키프레임을 만들고 신호등 아래에 스티브를 이동한 후 [keyframe options]에서 'Left arm', 'Right arm', 'Left leg', 'Right leg'를 선택하고 그림과 같이 회전시켜 신호등을 천천히 올라가는 모습을 만들어요.

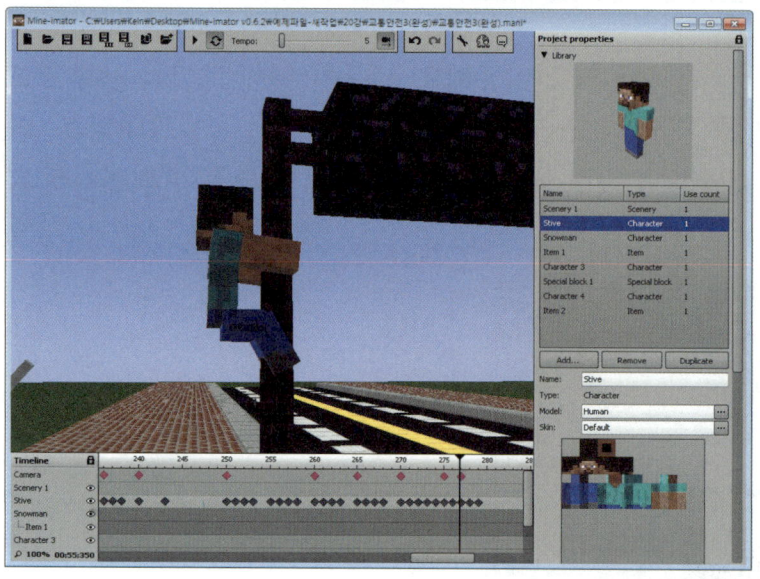

04 스티브가 신호등 끝까지 올라가면 주르륵 내려와 엉덩방아를 찧는 애니메이션을 만들어요.

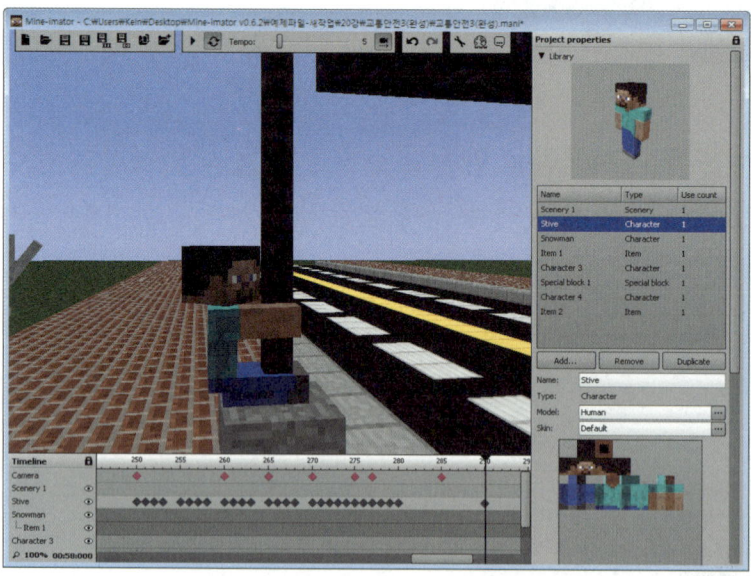

① 파일을 불러온 후 허리를 숙이고 있는 친구를 짚고 넘다 전봇대에 머리를 부딪치는 애니메이션을 만들어 보세요.

● 연습파일 : 말뚝박기.mani
◎ 완성파일 : 말뚝박기(완성).mani

② 파일을 불러온 후 캐릭터가 걸어오던 친구를 만나면 서로 인사하고 엇갈리게 걸어가는 애니메이션을 만들어 보세요.

● 연습파일 : 인사하기.mani
◎ 완성파일 : 인사하기(완성).mani

21강 커다란 해적선을 만났어요!

바다 위를 항해하던 스티브가 큰 배를 만났어요. 배 위로 올라갔더니 커다란 해적이 있네요. 스티브와 해적이 대결하는 애니메이션을 만들어 보아요.

학습 목표
- 바다 위에서 만난 해적선에 올라타는 애니메이션을 만들어 봅니다.
- 커다란 해적과 싸우는 애니메이션을 만들어 봅니다.

▲ 완성파일

01 작은 배를 타고 바다를 항해해요.

● 연습파일 : 해적선1.mani   ◉ 완성파일 : 해적선1(완성).mani

작은 배를 타고 바다를 항해하는 스티브. 저기 멀리 커다란 배가 나타났네요. 작은 배에서 커다란 배로 갈아타는 애니메이션을 만들어 보아요.

01 파일을 불러온 후 [Project properties]의 [Library]에서 [Add]를 클릭한 후 [Special block]을 선택해요. [Model]에서 'Boat'를 선택해서 화면에 보트를 삽입하고 이름을 'Boat'로 변경해요. 다시 [Project properties]의 [Library]에서 [Add]를 클릭하고 [Character]를 선택하여 삽입한 후 [Instances]에서 [Parent]는 'Boat', [Body Part]는 'All'을 선택해요. 타임라인이 연결된 모양으로 바뀌면 [keyframe options]에서 팔과 허리를 선택한 후 회전시켜 그림과 같이 보트를 탄 모습을 만들어요.

캐릭터의 허리부분을 구부리면 쉽게 만들 수 있어요.

02 [Timeline]의 [Boat]에서 그림과 같이 키프레임을 삽입하고 보트가 해적선 근처까지 이동하도록 위치를 조금씩 이동해요. 보트가 흔들리면서 파도가 치는 것 같은 애니메이션을 만들기 위해 키프레임을 각각 선택한 후 [keyframe options]에서 [Rotation]을 클릭하여 표시된 원을 드래그하여 보트가 출렁거리는 모습을 만들어요.

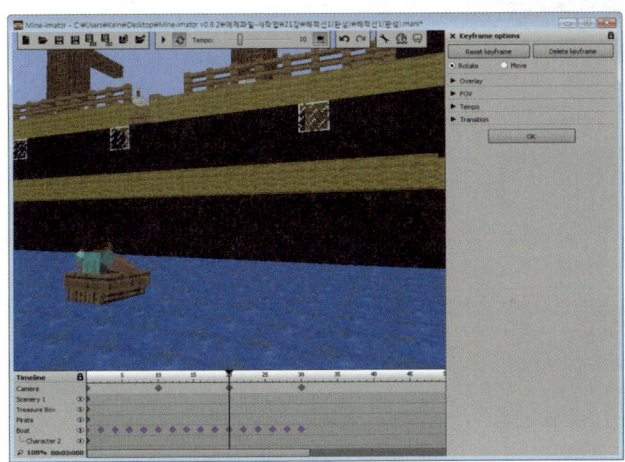

141

03 해적선에 도착하면 보트만 남기고 캐릭터를 타임라인에서 숨기기 위해 [Timeline]의 [Character 2]에서 '31 키프레임'을 만들고 [keyframe options]에서 [Visible]을 해제해요. [Project properties]의 [Library]에서 [Add]를 클릭한 후 [Character]를 선택해요. 새로운 캐릭터가 삽입되면 [Timeline]의 [Character 3]에 '31 키프레임'을 만들고 캐릭터가 배의 아래 부분을 올라가는 모습이 되도록 [keyframe options]에서 'Left arm', 'Right arm', 'Left leg', 'Right leg'를 선택하여 그림과 같이 회전시켜요.

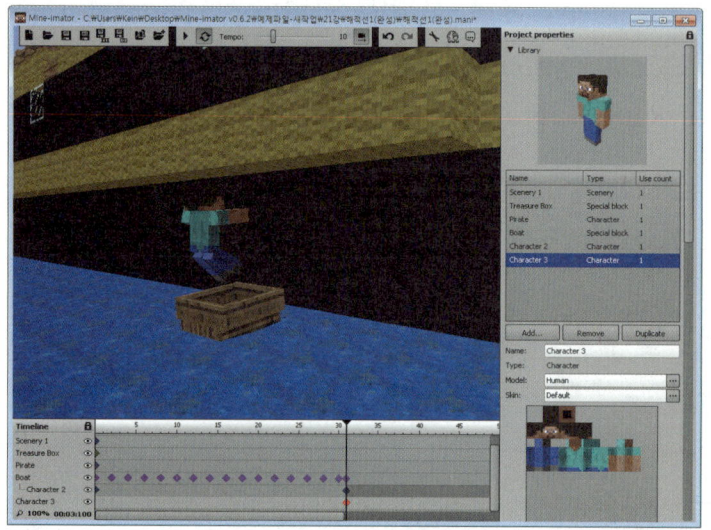

새로운 캐릭터가 이전에는 나타나지 않도록 [Visible]을 이용해 감춰요.

04 그림과 같이 [Timeline]의 [Character 3]에 키프레임을 만들고 캐릭터가 배의 윗 부분까지 올라가도록 화살표를 드래그하여 위치를 이동해요. [keyframe options]에서 'Left arm', 'Right arm', 'Left leg', 'Right leg'를 선택하고 회전시켜 캐릭터가 배의 윗부분까지 손과 발을 이용하여 올라가는 애니메이션을 만들어 완성해요.

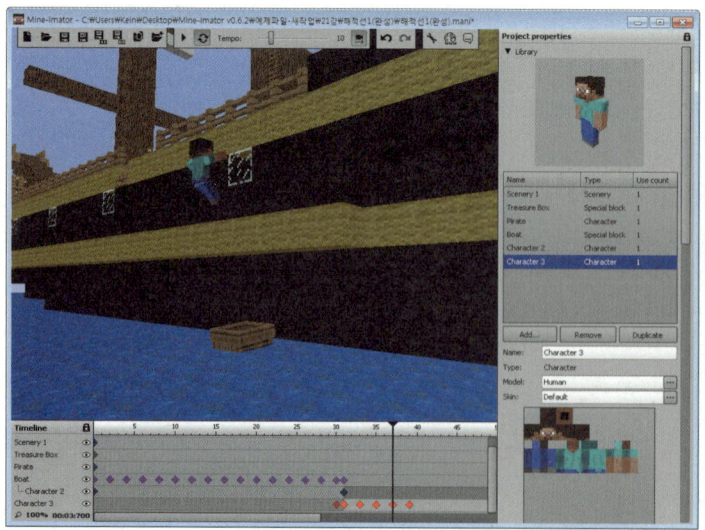

02 무서운 해적을 만났어요.

배에 올라가니 무서운 해적이 나타났어요. 용감한 스티브가 발차기를 했더니 커다란 해적이 조그맣게 되었어요. 해적을 물리치는 애니메이션을 만들어 보아요.

01 배 위로 올라간 캐릭터가 해적에게 멋진 발차기를 하는 애니메이션을 만들어요. 커다란 해적은 캐릭터의 앞으로 천천히 걸어오도록 [Timeline]의 [Pirate]에서 '41 키프레임'과 '47 키프레임'을 만들고 캐릭터 앞 부분까지 이동시켜요.

02 한 방 맞은 커다란 해적이 갑자기 조그맣게 크기가 바뀌도록 [Timeline]의 [Pirate]에서 '55 키프레임'을 만들고 [keyframe options]의 [Scale]의 값을 변경하여 해적이 점점 작아지게 되는 애니메이션을 만들어요.

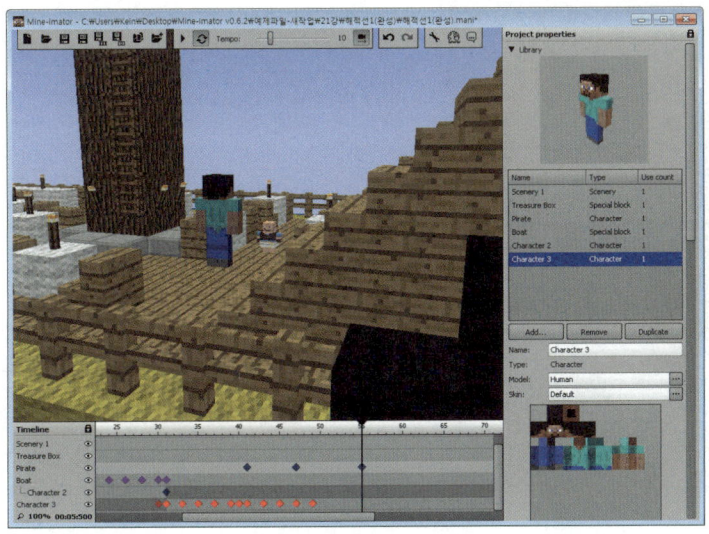

> 천천히 작아지도록 타임라인의 [Scale] 값을 확인하면서 조절해요.

03 해적을 물리치고 스티브가 신나게 환호하는 모습을 만들어요. [Timeline]의 [Character 3]에서 '55 키프레임'과 '56 키프레임'을 만들고 [keyframe options]에서 양 팔과 다리를 번갈아 움직이도록 회전시킨 후 동작이 설정된 키프레임을 Ctrl 을 누른 상태에서 드래그하여 그림과 같이 복사해요. 작아진 해적은 천천히 사라지도록 [Timeline]의 [Pirate]에서 '62 키프레임'을 만들고 [keyframe options]에서 [Alpha]를 '0' 으로 설정해요.

04 해적을 물리친 스티브가 해적선 갑판 위를 이리 저리 돌아다니도록 [Timeline]의 [Character 3]에 그림과 같이 키프레임을 만들고 주위를 한 바퀴 돌 수 있도록 위치를 이동시켜요. 자연스럽게 걷는 모습을 만들기 위해 키프레임 위에서 마우스 오른쪽 버튼을 클릭한 후 [Create walking animation to next keyframe]을 선택해요.

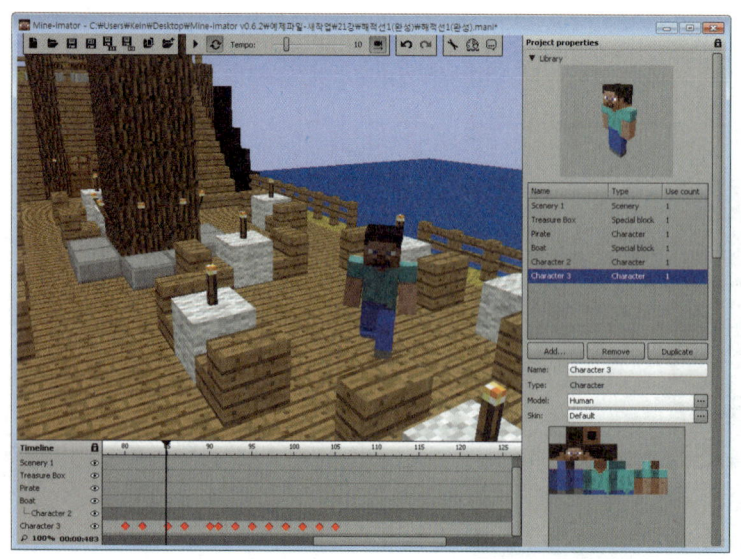

탁자와 같은 곳에 몸이 가져지지 않도록 주의해서 만들어요.

혼자서 뚝딱뚝딱

① 파일을 불러온 후 스티브가 갑판을 달려 바다로 다이빙하는 모습을 만들어 보세요.

● 연습파일 : 다이빙.mani
◎ 완성파일 : 다이빙(완성).mani

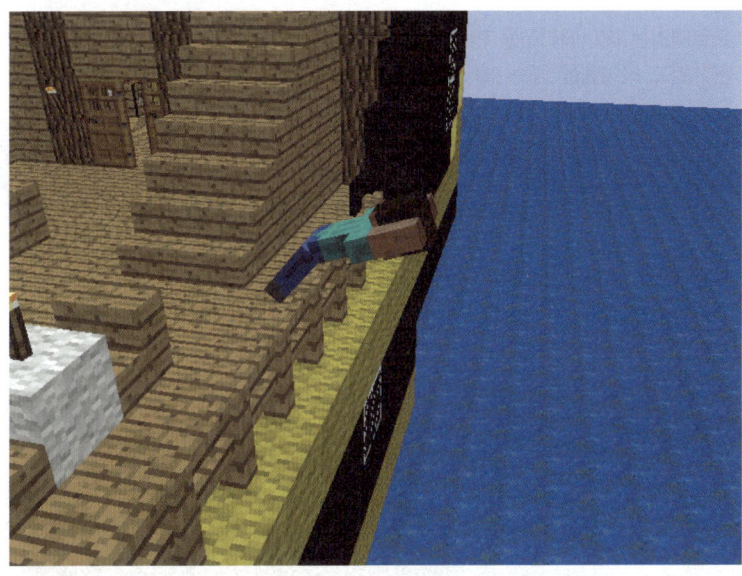

② 파일을 불러온 후 높은 돛대 위로 올라가 바다를 둘러보는 모습을 만들어 보세요.

● 연습파일 : 돛대.mani
◎ 완성파일 : 돛대(완성).mani

22강 해적선에는 보물상자가 있어요!

해적을 물리친 스티브가 배에 숨겨진 보물상자를 찾아 돌아다녀요.
보물상자를 열고 멋진 아이템을 발견하는 애니메이션을 만들어 보아요.

학습 목표
- 계단을 오르내리는 애니메이션을 만들어 봅니다.
- 보물상자를 열고 아이템을 얻는 애니메이션을 만들어 봅니다.

▲ 완성파일

01 보물이 어디에 있을까?

● 연습파일 : 해적선2.mani   ◎ 완성파일 : 해적선2(완성).mani

해적선 어디에는 값비싼 보물이 숨겨져 있다고 해요. 어디에 보물이 숨어있는지 이리 저리 찾아보는 애니메이션을 만들어 보아요.

01 스티브가 보물이 어디에 있는지 배의 이곳 저곳을 찾는 모습을 만들어요. 가장 먼저 선장실의 문을 통과하여 들어가고 한바퀴 둘러보고 다시 나오도록 [Timeline]의 [Character 3]에서 키프레임을 만들고 문을 통과해 들어가도록 위치를 이동시켜요. 문 안으로 들어가 방 안이 표시되면 키프레임을 만들고 주위를 한 바퀴 돌도록 캐릭터를 회전시키고 다시 문 밖으로 나오도록 위치를 이동하는 애니메이션을 만들어요.

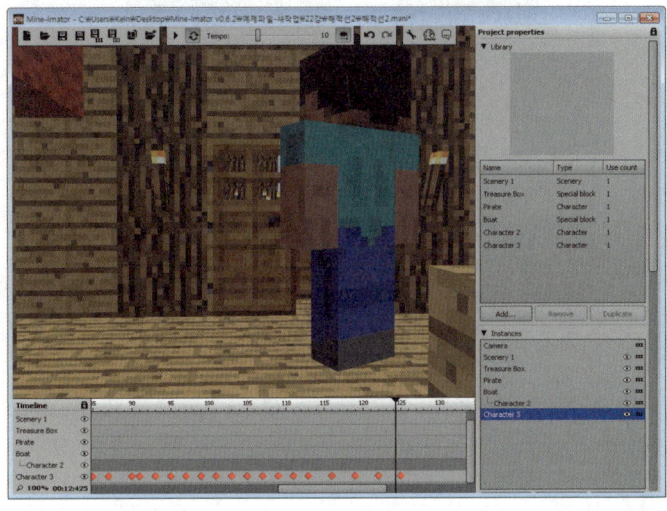

캐릭터를 따라 촬영하도록 카메라 타임라인을 주의해서 설정해요.

02 방에서 나온 스티브를 배의 뒷부분에 있는 계단 앞까지 이동시켜요. [Timeline]의 [Character 3]에서 새로운 키프레임을 만들고 계단을 올라가는 모습을 만들기 위해 [keyframe options]에서 'Left arm', 'Right leg'를 선택한 후 [Rotation]을 이용하여 회전시켜요. 다시 새로운 키프레임을 만들고 [keyframe options]에서 'Right arm', 'Left leg'를 선택한 후 [Rotation]을 이용하여 회전시켜요. 동작이 설정된 키프레임을 복사하여 그림과 같이 계단을 올라가도록 만든 후 보물상자 앞에 도착하는 애니메이션을 만들어요.

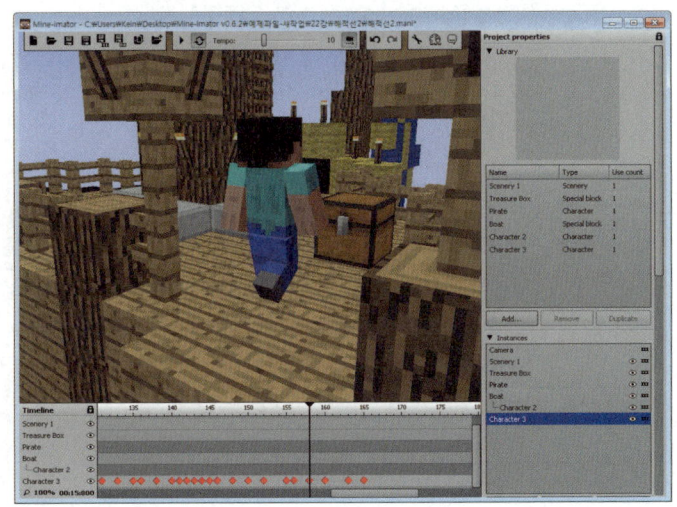

03 캐릭터가 보물상자를 여는 모습을 만들기 위해 [Timeline]의 [Character 3]에서 '163 키프레임'과 '165 키프레임'을 만든 후 [keyframe options]에서 'Left arm', 'Right arm', [Body]를 선택하고 [Rotation]을 이용하여 스티브가 허리를 숙여 상자를 여는 모습을 만들어요. 상자의 뚜껑이 열리도록 만들기 위해 [Timeline]의 [Treasure box]에 '164 키프레임'과 '165 키프레임'을 만들고 [keyframe options]에서 [Top]을 선택해 그림과 같이 열린 모습을 만들어요.

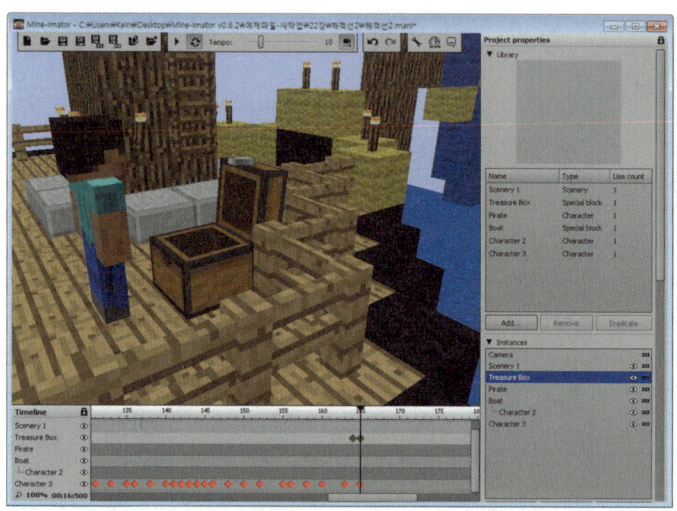

04 뚜껑이 열린 보물상자 속에서 아이템이 위로 나오도록 만들기 위해 [Project properties]의 [Library]에서 [Add]를 클릭한 후 [Item]을 선택해요. 표시된 아이템 목록에서 그림과 같이 녹색 보석 모양의 아이템을 선택한 후 [Timeline]의 [Item 1]에서 '166 키프레임', '169 키프레임'을 만들고 상자 안에서 천천히 올라오도록 위치를 이동시켜요. 상자를 열기 전과 후에는 감춰지도록 '165 키프레임', '170 키프레임'을 만들고 [keyframe options]에서 [Visible]을 해제해요.

아이템은 상자 속에서 보이지 않도록 위치를 조절해요.

02 해적선의 새로운 선장이 되었어요.

발견한 보석을 배 앞에 있는 상자 위에 놓으면 이제 스티브가 해적선의 새로운 선장이 될 수 있어요.

01 이제 보물상자 속에서 발견한 아이템을 배 앞의 상자 위에 놓기 위해 계단을 내려가고 배 앞의 상자 위치까지 이동하도록 [Timeline]의 [Character 3]에 키프레임을 만들고 스티브의 위치를 이동시켜요. 각 키프레임 위에서 마우스 오른쪽 버튼을 클릭한 후 [Create walking animation to next keyframe]을 선택해 자연스럽게 걸어가는 모습을 만들어요.

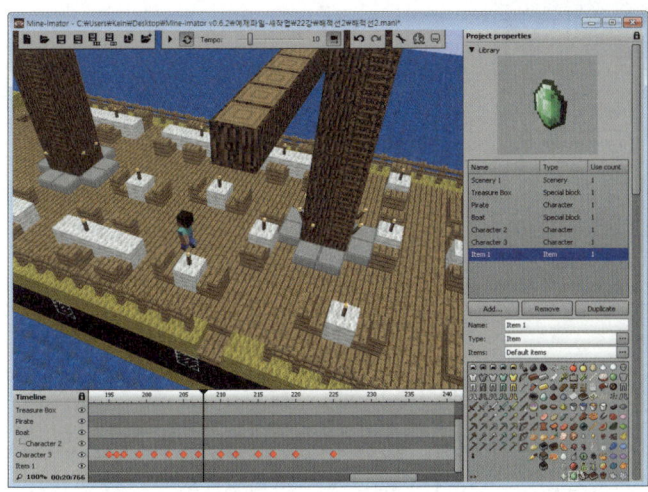

02 배 앞의 상자에 도착하면 상자 위에 발견한 아이템을 놓는 것 같은 애니메이션을 만들기 위해 [Timeline]의 [Character 3]에서 '228 키프레임'과 '231 키프레임'을 만든 후 [keyframe options]에서 'Left arm', 'Right arm', [Body]를 선택하고 [Rotation]을 이용하여 스티브가 허리를 숙여 상자위에 보석을 놓는 모습을 만들어요.

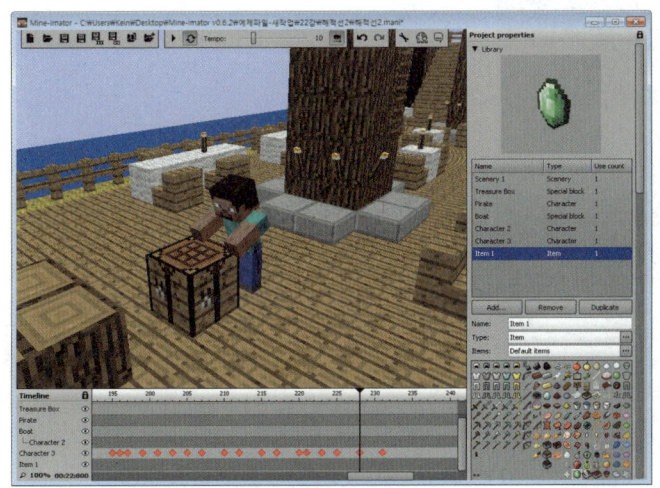

허리와 팔을 조절해서 물건을 놓는 애니메이션 동작을 만들어요.

03 스티브가 허리를 구부렸다가 바로 서면 보물상자에서 발견한 아이템이 상자 위에 계속 표시되도록 만들기 위해 [Timeline]의 [Item 1]에서 '231 키프레임'을 만들고 보석 아이템의 위치를 상자 위로 이동시켜요. 상자에 올려놓기 전에는 감추기 위해 '230 키프레임'을 만들고 [keyframe options]에서 [Visible]을 해제하여 감춰요.

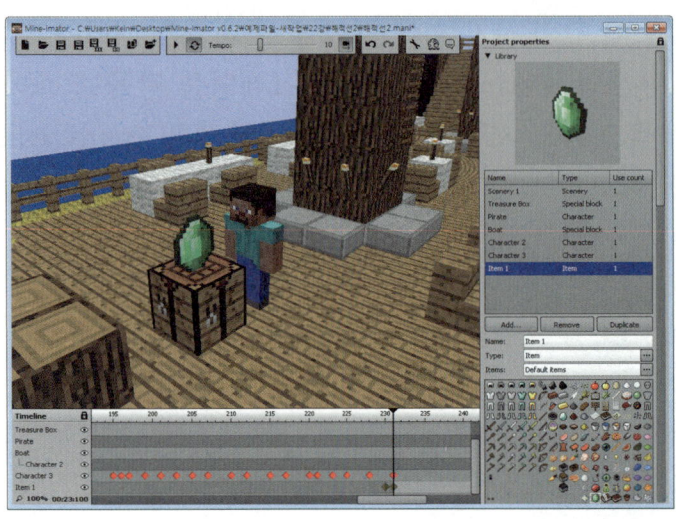

04 배의 맨 앞부분 계단으로 올라가는 애니메이션을 만들어요. 계단 앞으로 스티브를 이동시킨 후 [Timeline]의 [Character 3]에서 새로운 키프레임을 만들고 계단을 올라가는 모습을 만들기 위해 [keyframe options]에서 'Left arm', 'Right leg'를 선택한 후 [Rotation]을 이용하여 회전시켜요. 다시 새로운 키프레임을 만들고 [keyframe options]에서 'Right arm', 'Left leg'를 선택한 후 [Rotation]을 이용하여 회전시켜요. 동작이 설정된 키프레임을 복사하여 그림과 같이 계단을 올라가도록 애니메이션을 만들어요. 계단 끝에 올라가면 이제 해적선의 선장이 된 스티브가 멋진 포즈를 취하도록 만들어요.

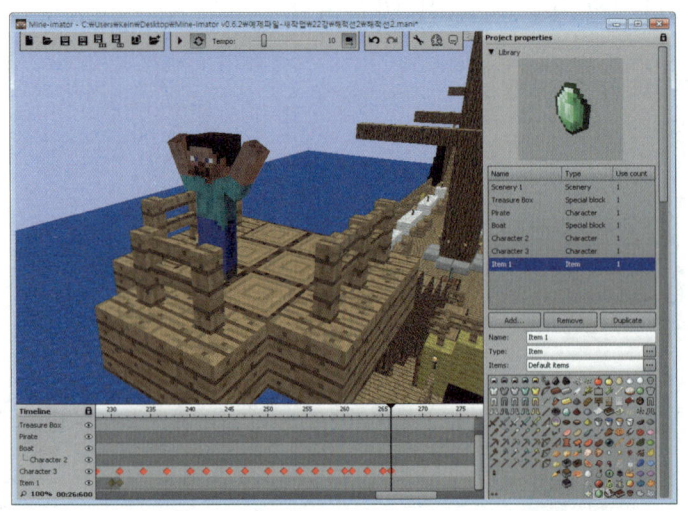

다른 계단과 크기가 다르므로 발이 계단에 가려지지 않도록 주의해요.

혼자서 뚝딱뚝딱

① 파일을 불러온 후 보물선의 저주에 걸린 스티브가 해골로 바뀌는 애니메이션을 만들어 보세요.

● 연습파일 : 해골저주.mani
◎ 완성파일 : 해골저주(완성).mani

② 파일을 불러온 후 돛대 위에서 칼을 들고 해골과 싸우는 모습을 만들어 보세요.

● 연습파일 : 칼싸움.MANI
◎ 완성파일 : 칼싸움(완성).MANI

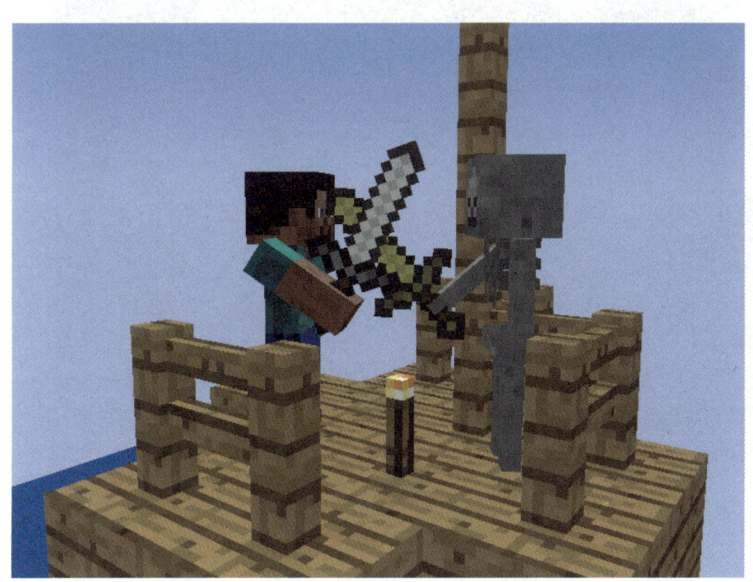

23강 무비메이커로 동영상을 편집해요.

완성한 애니메이션을 동영상 파일로 저장하고 무비메이커에서 동영상에 자막과 배경음악을 삽입해 저장하는 방법을 알아 보아요.

학습 목표
- 완성된 애니메이션을 무비메이커로 편집해 봅니다.
- 자막과 배경음악을 삽입하는 방법을 알아 봅니다.

▲ 완성파일

01 ● 연습파일 : 해적선.wmv, 드럼비트.mp3   ◎ 완성파일 : 해적선(완성).wmv

동영상에 자막을 삽입해요.

마인이메이터에서 저장한 동영상 파일을 무비메이커에서 편집할 수 있어요. 자막을 삽입하면 내용을 잘 전달할 수 있어요.

01 무비메이커를 실행한 후 [작업] 창에서 [비디오 가져오기]를 클릭해요. [파일 가져오기] 대화상자가 표시되면 사용할 동영상 파일을 선택하고 [가져오기] 단추를 클릭해요.

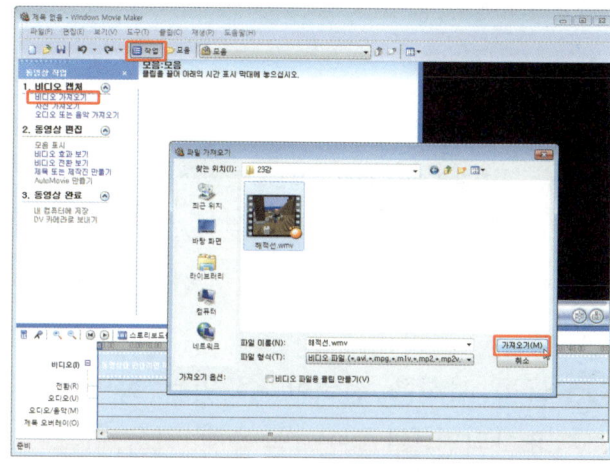

동영상 파일이 불려지지 않으면 다음 팟인코더를 이용해 다른 파일 형식으로 저장해요.

02 모음에 선택한 동영상 파일이 표시되면 화면 아래의 시간 표시 막대에 드래그하여 그림과 같이 삽입해요.

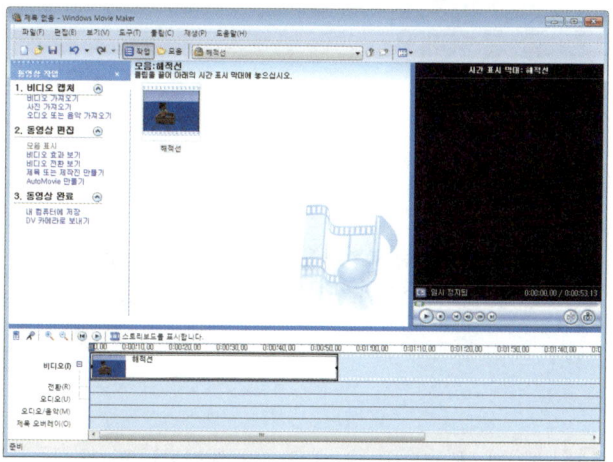

03 동영상 파일에 자막을 삽입하기 위해 [작업] 창에서 [제목 또는 제작진 만들기]를 클릭해요. 제목 추가 목록이 표시되면 '시간 표시 막대에서 선택한 클립에 제목을 추가합니다.'를 선택해요.

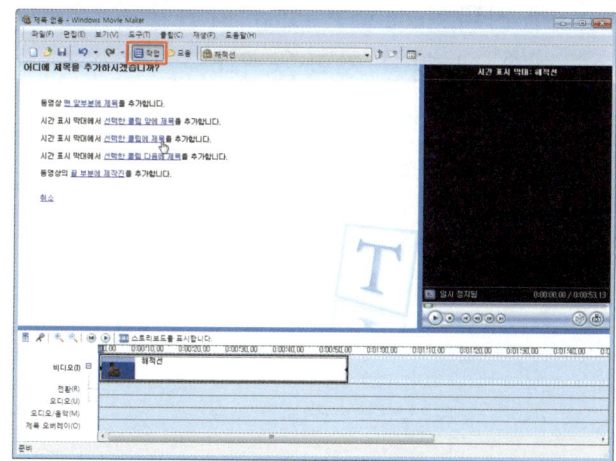

04 자막을 입력할 수 있는 화면이 표시되면 화면 아래 부분에 자막을 삽입하기 위해 그림과 같이 입력하고 [텍스트 글꼴 및 색 변경]을 클릭해요.

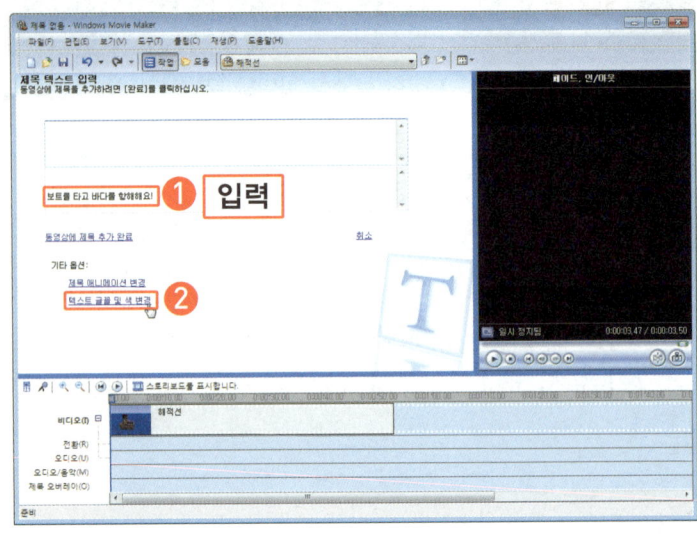

자막을 화면 아래 부분으로 내리기 위해 Enter 를 눌러요.

05 글꼴 서식을 선택할 수 있는 화면이 표시되면 [글꼴]은 '돋움체', [굵게]를 선택하고 [동영상에 제목 추가 완료]를 클릭해요.

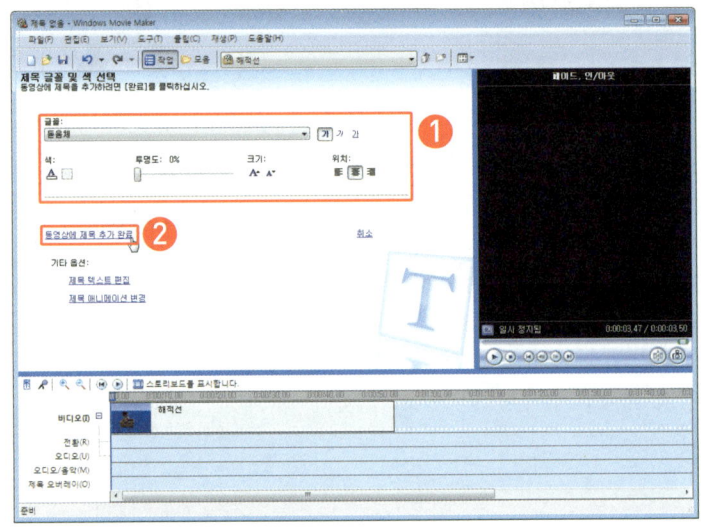

자막에 사용하는 글꼴은 굵은 고딕 계열을 사용해야 눈에 잘 보여요.

06 동영상 미리 보기를 실행하면 동영상에 자막이 삽입된 것을 확인할 수 있어요. 삽입된 자막을 원하는 위치로 이동하거나 같은 방법을 이용하여 계속 자막을 삽입해요.

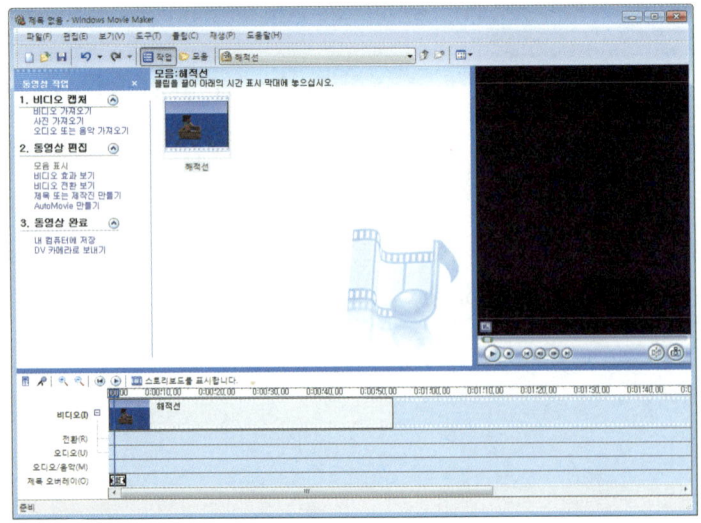

02 음악 파일을 삽입하고 저장해요.

동영상이 실행될 때 신나는 배경 음악이 들리면 더 재미있겠죠? 배경음악을 삽입하고 동영상 파일을 저장하는 방법을 알아보아요.

01 음악 파일을 삽입하기 위해 [작업] 창에서 [오디오 또는 음악 가져오기]를 클릭해요. [파일 가져오기] 대화상자가 표시되면 사용할 음악 파일을 선택하고 [가져오기] 단추를 클릭해요.

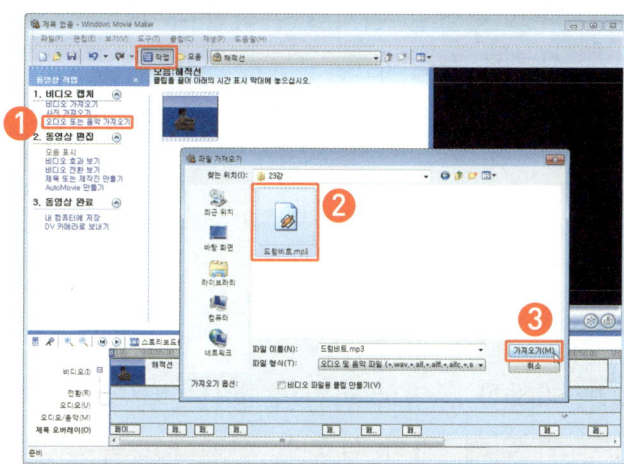

02 선택한 음악 파일을 가져오면 화면 아래의 시간 표시 막대의 [오디오/음악]에 드래그하여 그림과 같이 삽입해요.

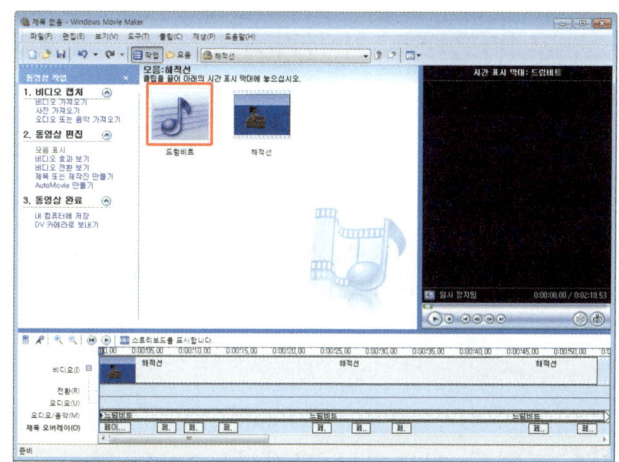

삽입한 음악 파일은 동영상의 앞 부분부터 실행하기 위해 드래그하여 위치를 조절해요.

03 긴 음악 파일을 동영상 길이에 맞게 조절하기 위해 맨 윗 부분에 마우스를 가져가 포인터 모양이 변경되면 왼쪽으로 드래그하여 길이를 조절해요.

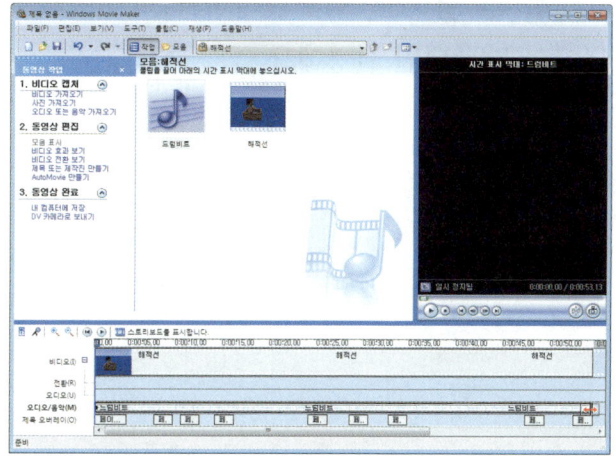

[클립]-[오디오]-[페이드 아웃]을 선택하면 볼륨이 작아지면서 끝나요

04 동영상으로 저장하기 위해 [작업] 창에서 [내 컴퓨터에 저장]을 클릭해요. [동영상 저장 마법사] 대화상자가 표시되면 저장할 동영상의 이름을 입력하고 저장할 위치를 설정한 후 [다음] 단추를 클릭해요.

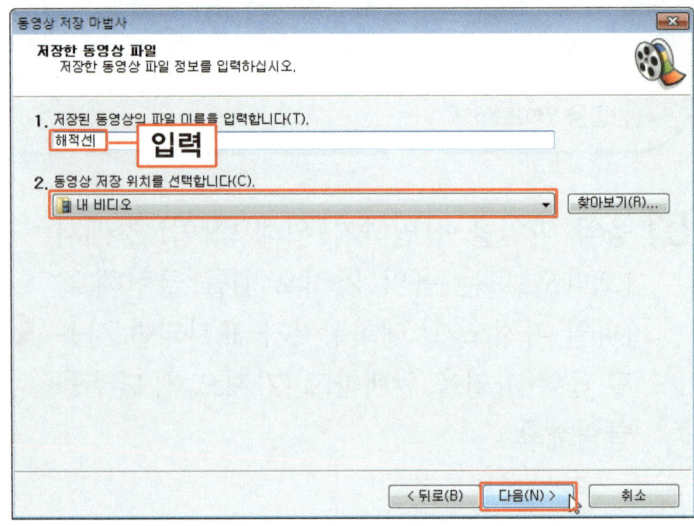

05 저장할 동영상 파일의 형식을 선택하기 위해 [기타 설정]을 선택하고 목록에서 '고화질 비디오(소)'를 선택한 후 [다음] 단추를 클릭해요.

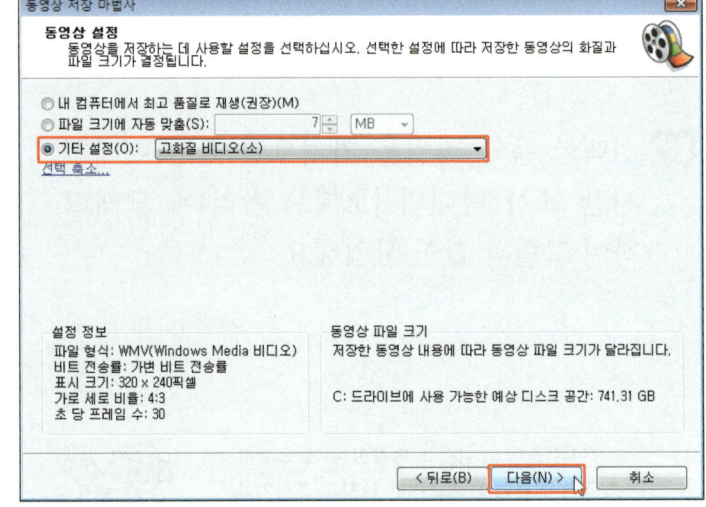

선택한 형식에 따라 저장되는 동영상의 크기와 해상도가 달려져요.

06 동영상 인코딩이 시작되는 것을 확인할 수 있어요. 인코딩이 끝나고 파일이 저장되면 실행해요.

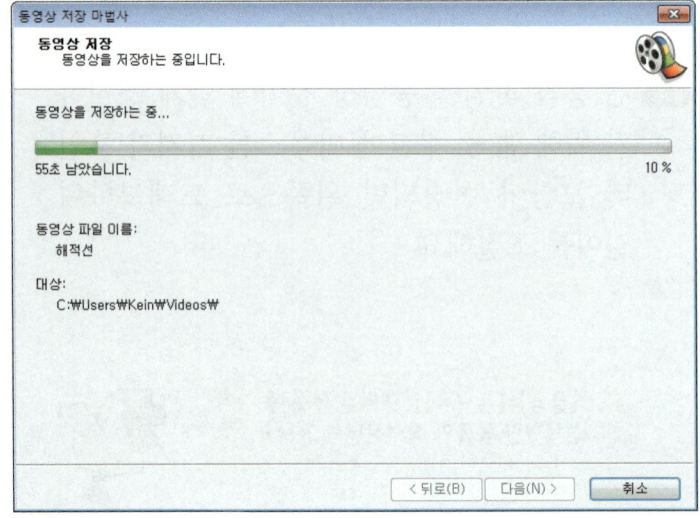

혼자서 똑딱똑딱

① 파일을 불러온 후 동영상이 시작될 때 '스티브의 모험'이라는 제목이 표시되도록 만들어 보세요.

● 연습파일 : 인트로.wmv
◎ 완성파일 : 인트로(완성).wmv

② 파일을 불러온 후 동영상의 뒤에 만든 사람의 이름이 차례로 표시되도록 만들어 보세요.

● 연습파일 : 제작진.wmv
◎ 완성파일 : 제작진(완성).wmv

24강 인터넷에 동영상을 올려요

내가 만든 멋진 애니메이션을 인터넷에 올려 다른 친구들과 공유할 수 있어요.
유튜브에 동영상을 올리고 QR코드로 만드는 방법을 알아보아요.

학습 목표
- 유튜브에 동영상을 올릴 수 있습니다.
- 다른 사람과 동영상을 공유하는 방법을 배워봅니다.

▲ 완성파일

01 인터넷에 동영상을 올려요.

● 연습파일 : 동영상.avi

내가 만든 멋진 애니메이션을 다른 친구들과 공유할 수 있어요. 유투브를 이용하여 동영상을 인터넷에 올리는 방법을 알아보아요.

01 동영상을 올리기 위해 웹브라우저를 실행한 후 '유투브(www.youtube.com)' 홈페이지에 접속한 후 [로그인] 단추를 클릭해요.

02 가입한 이메일과 비밀번호를 입력한 후 [로그인] 단추를 클릭해요.

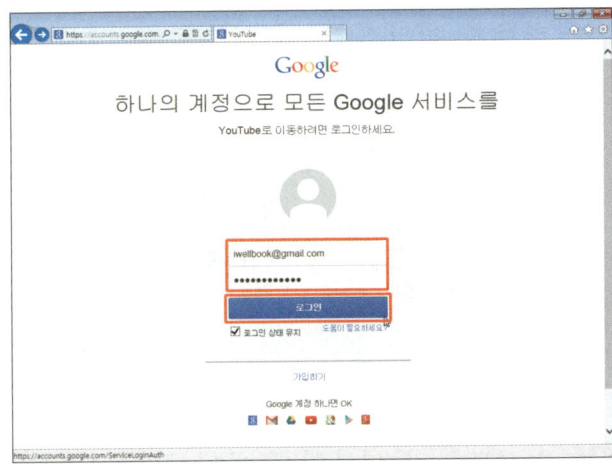

유투브에 동영상을 올리기 위해 먼저 회원가입을 해야 해요.

03 유투브에 로그인되면 동영상을 등록하기 위해 [업로드] 단추를 클릭해요.

04 업로드 화면이 표시되면 [업로드할 파일을 선택]을 클릭해요. [업로드할 파일 선택] 대화상자가 표시되면 동영상 파일을 선택하고 [열기] 단추를 클릭해요.

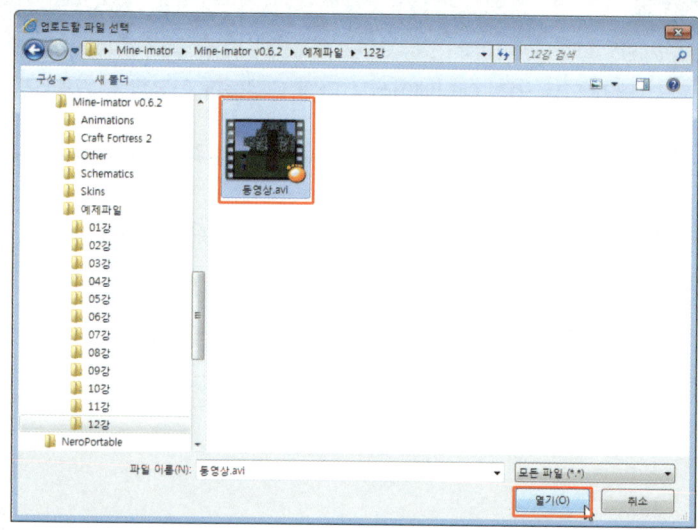

05 동영상 업로드가 진행되는 화면이 표시돼요. [제목]과 [설명]에 동영상을 소개하는 내용을 입력하고 [동영상 미리보기 이미지]를 선택한 후 [동영상 관리자]를 클릭해요.

업로드하는 동영상을 검색하기 쉽도록 정확한 제목과 내용을 입력해요.

06 업로드한 동영상의 목록이 표시되면 클릭하여 잘 실행되는지 확인해요.

친구들과 동영상을 공유해요.

다른 친구들에게 동영상을 보여주려면 어떻게 해야 할까요? 이메일을 이용하여 동영상의 주소를 알리는 방법을 알아보아요.

01 실행된 동영상 아래에 동영상을 다른 사람과 공유할 수 있는 메뉴들과 주소가 표시돼요. 이메일로 알리기 위해 [이메일]을 클릭해요.

페이스북이나 트위터 등으로도 동영상 주소를 알릴 수 있어요.

02 [공유 대상]에 받는 사람의 이메일 주소를 입력하고 [이메일 전송]을 클릭해요.

QR코드로 저장해요.

QR코드로 동영상의 위치를 저장하거나 업로드하면 인터넷이 접속되는 어떤 곳에서나 나의 동영상을 볼 수 있어요. QR코드로 만드는 방법을 알아보아요.

01 QR코드를 만들기 위해 네이버 QR코드 홈페이지(qr.naver.com)를 방문해요. 로그인을 한 후 QR코드를 만들기 위해 [코드생성]을 클릭해요.

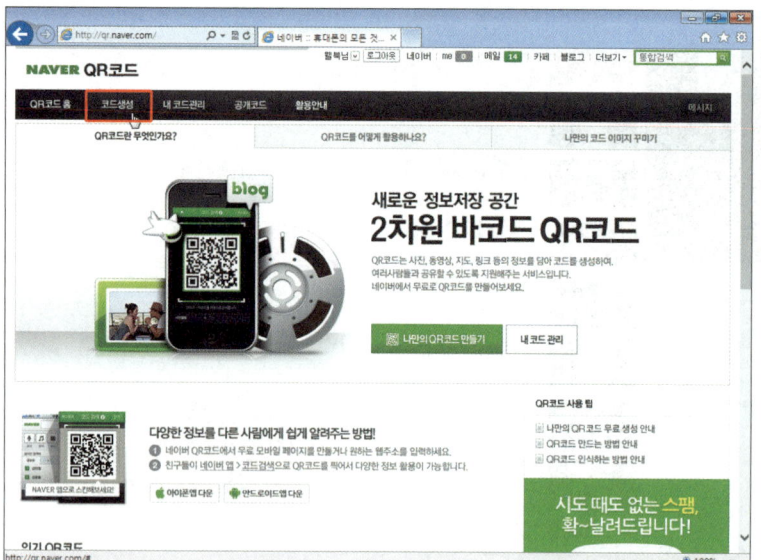

네이버 회원가입을 해야 QR코드를 만들 수 있어요.

02 [코드제목]에 원하는 제목을 입력하고 [코드 스타일]에서 원하는 모양의 테두리와 스킨을 선택한 후 [다음단계]를 클릭해요.

03 다음 화면이 표시되면 '링크로 바로 이동'을 선택해요. [웹주소 직접 입력]의 빈 칸에 유투브에서 올린 동영상의 주소를 입력하고 [작성완료]를 클릭해요.

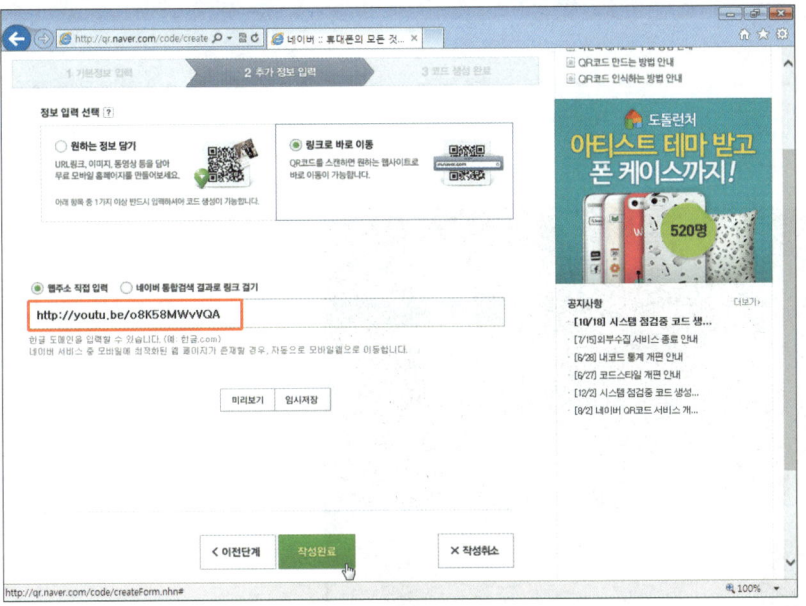

04 QR코드가 만들어지면 스마트폰 카메라를 이용하여 연결된 동영상을 바로 시청할 수 있어요.

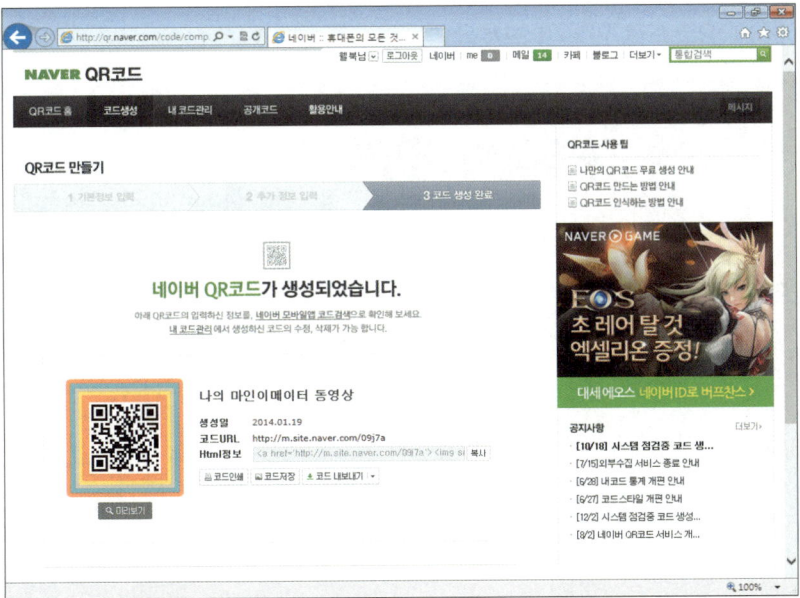

① 파일을 불러온 후 유투브에 업로드해 보세요.

● 연습파일 : 애니메이션.avi

② 업로드한 동영상 주소를 네이버에서 QR코드로 만들어 보세요.